STUART PIGOTT · MANFRED LÜER

MIT FOTOGRAFIEN
VON
ANDREAS DURST

MOSEL

WEINE · WINZER · WEINLANDSCHAFTEN

SCHERZ

www.fischerverlage.de

Erschienen bei Scherz, ein Verlag
der S. Fischer Verlag GmbH, Frankfurt am Main
© S. Fischer Verlag GmbH, Frankfurt am Main 2009
Foto Seite 6: Florian Bolk
Lagen-Karten: Golden Section Graphics, Berlin
Satz: H & G Herstellung, Hamburg
Litho: Die Litho, Hamburg
Druck und Bindung: Himmer, Augsburg
Printed in Germany

ISBN 978-3-502-15173-9

Inhalt

»Blitzig«

Blitzig sind die Riesling-Weine von Mosel, Saar und Ruwer, und ich bin glücklich, dass mich diese ganz besonderen Blitze früh trafen. Vor einem Vierteljahrhundert steckte ich als Londoner Kunststudent eine für mich damals beträchtliche Summe in eine Weinreise, die mein Leben verändern sollte.

Im September 1982 fuhr ich zum ersten Mal durch die imposanten Weintäler von Mosel und Saar mit ihren ver-

schlungenen Flüssen und steilen rebbedeckten Hängen. Trotz meiner lausigen Sprachkenntnisse beeindruckten mich Menschen, Landschaft und Weine sofort, und diese Begeisterung ist bis heute nicht abgerissen. Zwei Jahre später entdeckte ich das idyllische kleine Tal der Ruwer und den stillen Charme der Obermosel an der deutsch-luxemburgischen Grenze und stellte fest, wie die Untermosel – heute treffender »Terrassenmosel« genannt – und ihre Weine eine Welt für sich darstellen.

Meine Investition in die Erforschung dieser Täler erbrachte journalistisch einen reichen Ertrag, aber für die Weinwirtschaft war es damals eine wirtschaftliche sowie kulturelle Krisenzeit. Die Erzeugung von belanglosen, billigen Konsumweinen dominierte alles, und Weinskandale sorgten für Schlagzeilen. Trotzdem fand ich bei Weingütern wie

Maximin Grünhaus, Egon Müller-Scharzhof und Joh. Jos. Prüm Riesling-Weine, die auf eine sehr überzeugende Weise diese Landschaften in flüssige Form verwandelten. Feinduftig und heiter, rassig und verspielt begeisterten sie mich.

Seit meiner ersten Reise hat sich der allgemeine Aufschwung des deutschsprachigen Weins, der jetzt auch immer größere internationale Anerkennung findet, vollzogen. Wenig bekannt ist es, dass die Mosel eine der Keimzellen dieser Entwicklung war. Schon Ende der 1980er-Jahre sorgten waghalsige, damals junge Winzer wie Theo Haart, Ernst Loosen und Reinhard Löwenstein für bedeutende neue Impulse. Sie wollten nicht nur bessere Weine, sondern auch *andere* Weine erzeugen. Mit ihren kräftigen, würzig-mineralischen Rieslingen wurden sie zuerst von der Allgemeinheit der Winzerschaft belächelt, aber Qualität und Originalität setzten sich in den Medien und am Markt durch. Inzwischen zieht das Gebiet Quereinsteiger aus nah und fern an, die in kleinem und großem Stil zur dynamischen Gebietsentwicklung beitragen.

Heute findet man in sehr vielen Orten an Mosel, Saar und Ruwer Weingüter mit guten bis ausgezeichneten Weinen, der Standard ist allgemein erheblich gestiegen, und ein neues Bewusstsein für Qualität setzt sich immer mehr durch. Doch welche Weine findet man nicht hier? Neben herben Rieslingen, die von schlank und säurebetont bis üppig und geschmeidig reichen, gibt es Weine der gleichen Traubensorten mit feiner aromatischer Süße und andere mit honigartiger Schwere. Trockene Gewächse aus anderen Weißweintrauben, vor allem Weißburgunder und Grauburgunder, beginnen nicht nur eine bloße Sortimentsergänzung darzustellen, sondern eigenständige Profile zu bekommen. Das ist besonders an der Obermosel und in Luxemburg zu spüren, der »Burgundermosel«, wie mein Kollege Manfred Lüer sie sehr treffend nennt (siehe Seite 149). Obwohl weiterhin Weißweintrauben dominieren, fand in diesen Tälern während der letzten Jahre eine stille Rotwein-Revolution statt. Parallel dazu haben Schaumweine, seien sie aus Riesling, Elbling von der Obermosel oder ganz anderen Sorten, an Bedeutung gewonnen.

Viele Gründe für die große geschmackliche Vielfalt an Mosel und ihren Seitentälern sind geographischen Ursprungs. Die Weinszene nennt das *Terroir*, aber das ist nur ein moderner Begriff für das, was die deutsche Sprache seit langem als die Herkunft des Weins beschreibt. Bei der Hauptrebsorte Riesling und nur einer Geschmacksrichtung, z. B. herben Weinen, findet man unzählige feine Nuancen, die auf Geologie, Topographie und kleinklimatischen Unterschieden beruhen. Darin liegt ein erheblicher Teil der Faszination der Weine dieser Gebiete.

Obwohl ich seit Jahrzehnten diese Täler regelmäßig bereise und ihre Schiefersteilhänge unzählige Male gesehen habe, habe ich sie mit ganz anderen Augen wahrgenommen, als ich die entsprechenden Kapitel von »Wein spricht deutsch« recherchierte. Die Frage »Wie schmecken die Weine, und warum schmecken sie so?« stand im Mittelpunkt unserer Recherche. Aus dieser Perspektive wurde die Geschichte dieses traditionellen Weinbaugebietes neu erzählt.

Manfred Lüer, der die Obermosel und Luxemburg erforschte, tauchte dabei in eine völlig andere Welt ein, in der der Moselwein geschichtlich und geologisch bedingt ganz anders tickt als an der Mittel- oder an der Terrassenmosel. Die Gebietsporträts aus »Wein spricht deutsch« haben wir für diesen Führer überarbeitet und auf den neuesten Stand gebracht. Wir haben weitere empfehlenswerte Winzer gefunden und verraten unsere Lieblingsplätze, Lieblingsrestaurants und Hotels. Kartograph Jan Schwochow hat neue Landkarten einiger Kernbereiche erstellt, die die enorm ausdrucksstarken überraschenden Fotos von Andreas Durst ergänzen.

Lassen Sie sich von uns in diese genialen Weinlandschaften begleiten! Wir versprechen eine Entdeckungsreise an Mosel, Saar und Ruwer voller optischer und flüssiger Schönheiten.

Ihr

Stuart Pigott

Unsere TOP TEN

TRIER

1

Die römische Bauten Triers, vor allem die gut erhaltene Porta Nigra und die Basilika, vermitteln einen Eindruck, wie die zur spätrömischen Zeit größte Stadt nördlich der Alpen ausgesehen haben mag. Der Trierer Dom, der auf römische Anfänge zurückgeht, ist nicht weniger beeindruckend. Wer genügend Zeit zur Verfügung hat, sollte sich die große Sammlung römischer Skulpturen im Landesmuseum nicht entgehen lassen.
Rheinisches Landesmuseum
Weimarer Allee 1
D-54290 Trier
www.landesmuseum-trier.de

PIESPORT

2

Der Ausblick auf die einem Amphitheater ähnelnden Steillagen von Piesport ist nicht weniger beeindruckend wie zur Zeit des römischen Dichters Ausonius. Das ausgegrabene und zum Teil wieder aufgebaute römische Kelterhaus ist das größte im Gebiet.
www.piesport.de

WEHLEN

3

Die Sicht von der Hängebrücke (die einzige an der Mosel) auf die Spitzenlagen von Zeltingen, Wehlen, Graach und Bernkastel ist fantastisch. Von der Burg Landshut in Bernkastel aus ist der Blick noch ein wenig imposanter, dafür muss man ihn mit zahlreichen anderen Besuchern teilen.
www.wehlen.de

TRABEN-TRARBACH

4

Die Doppel-Gemeinde an einer der großen Moselschleifen hat eine sensationelle Sammlung von Jugendstil-Bauten. Es ist auch der einzige bedeutende Ort an der Mittelmosel mit Bahnverbindung. Die Bahnfahrt von oder nach Bullay ist eine der schönsten Bahnstrecken der Republik.
www.traben-trarbach.de
www.moselbahn.de

BREMM

5

Der Calmont-Klettersteig ist nichts für Menschen mit Höhenangst und/oder Herzprobleme, aber der treffend benannte Weg zwischen den steilsten Weinbergen Europas und kargen Felsen ist wahres Mosel-Abenteuer!
Calmont-Klettersteig:
www.bremm-mosel.de

BURG ELTZ

6

Als im späten 17. Jahrhundert die Truppen von Louis XIV. fast alle Burgen an der Mosel sprengten, haben sie diese märchenhafte Burg übersehen. Die Anfahrt ist am einfachsten über Münstermaifeld. Das letzte Stück des Wegs muss man zu Fuß bewältigen, aber es lohnt sich, in der Schatzkammer warten Exponate, die bis ins 12. Jahrhundert zurückdatieren.
Burg Eltz
D-56294 Münstermaifeld
www.burg-eltz.de

WINNINGEN 7

Die steile Terrassenlage des Uhlen ist eine der beeindruckendsten Weinbergslagen Europas. Hier ist der ganz seltene Apollo-Falter zu Hause.
www.winningen.de

MÖNCHSKLAUSE VON 8 SCHINKEL

Die Mönchklause von Schinkel ist ein kleines architektonisches Juwel und bietet einen gigantischen Blick über das Saartal. Von Kastel-Staadt aus führt ein Felsenweg (ab Parkplatz an der »Klause«) hinauf zur Einsiedlerklause hoch über der Saar. Der preußische König Friedrich Wilhelm IV. beauftragte Mitte des 19. Jahrhunderts seinen Baumeister Karl Friedrich von Schinkel mit dem Bau der heutigen Kapelle an der Stelle eines älteren Baus als Grabmal für den blinden Böhmenkönig Johann von Luxemburg.
Landesdenkmal Klause
König-Johann-Straße
D-54441 Kastel-Staadt
www.saar-obermosel.de

ARCHÄOLOGIEPARK 9 PERL-BORGD

Der Archäologiepark mit einer der größten römischen Villenanlagen im Saar-Mosel-Raum lässt die Historie der Region lebendig werden. Beeindruckend: Torhaus, Wohn- und Wirtschaftstrakt, Herrenhaus mit musealer Einrichtung, Villenbad, Taverne und gestaltetem Innenhof.
Römische Villa Borg
Im Meeswald 1
D-66706 Perl-Borg
www.villa-borg.de

SCHLOSS 10 MALBROUCK

Das Schloss Malbrouck in Manderen im französischen Département Moselle wurde aufwendig restauriert. In der mittelalterlichen, lothringischen Burganlage kann man Geschichte in Rundgängen, Ausstellungen und Festivals hautnah erleben. Der Blick von dort über das Moseltal ist einzigartig.
Schloss Malbrouck
F-57480 Manderen
www.chateau-malbrouck.com

Unsere TOP TEN sind eine persönliche Auswahl von Orten und Ereignissen, die wir Ihnen gerne weiterempfehlen möchten. Die Numerierung stellt keine Bewertung dar.

MITTELMOSEL

Nicht nur man, sondern auch der Fachmann sagt »die Mosel« und meint damit die circa 9000 Hektar Reben, die entlang der Mosel und ihrer Nebenflüsse zwischen dem Dreiländereck Deutschland-Luxemburg-Frankreich und der Mosel-Mündung in den Rhein bei Koblenz liegen. Und tatsächlich präsentiert sich das Weinbaugebiet dem Besucher auf den ersten Blick sehr homogen: das zwischen der rauen Eifel und dem waldreichen Hunsrück tief eingeschnittene Tal und der sich in den typischen Moselschleifen schlängelnde Fluss, an dessen Ufer die Schiefersteilhänge aufsteigen. Hier wachsen die großen Rieslinge, die der Mosel einstmals zu Weltruhm verholfen haben und an deren Größe in einem atemberaubenden Aufschwung eine neue Winzergeneration heute Anschluss findet.

Dieses scheinbar zeitlose einheitliche Bild des Gebietes findet sich auch in den Weinen wieder: die meisten guten und alle großen Weine von Mosel, Saar und Ruwer teilen eine Grundtendenz zu betonter Säure, heiterer Duftigkeit und ausgeprägten mineralischen Noten. Bei soviel Gemeinsamkeit wird aber oft übersehen, dass traditionsgemäß auf den Kalkböden an der Obermosel ganz andere Rebsorten wachsen und dass überall im Gebiet und zu jeder Zeit auch andere Rebsorten neben dem Riesling angebaut wurden. So gibt es heute immer noch 15 Prozent Müller-Thurgau an Mosel, Saar und Ruwer! Die Hauptgesteinsart ist wohl der Schiefer – Teil der gewaltigen Gesteinsmasse des Rheinischen Schiefergebirges –, aber es kommen unterschiedliche Schichten davon vor und unterschiedliche Grade der Verwitterung.

Dass der Schiefer, vor allem der graue Schiefer, das Bild des Gebiets dominiert, ist verständlich. Er ist nicht nur in Form von extrem steinigen Weinbergsböden und hervorstechenden Felsen sichtbar, auch sehr viele alte und imposante Weingutshäuser und Weinkeller sind aus Schieferbruchsteinen gebaut; an bestimmten Orten scheint er fast allgegenwärtig zu sein. Deswegen tragen manche Fachleute eine Art

Die erstaunlichen Früchte des Schiefers

Von Stuart Pigott

Riesling
Weiße Rebsorte, *die* wichtigste Qualitätssorte im deutschsprachigen Raum.

Müller-Thurgau, Rivaner
Ende des 19. Jahrhunderts gezüchtete weiße Rebsortenkreuzung aus Riesling x Madeleine Royal (ein Verwandter des Gutedels).

Links:
Schiefer und Riesling stehen hinter den allermeisten großen Moselweinen.

MITTELMOSEL

■ WEINANBAU   ■ STÄDTE & DÖRFER

Unsere Top Ten

MOSELLANDTOURISTIK GMBH
Kordelweg 1
D-54470 Bernkastel-Kues
Tel. +49 (65 31) 97 33-0
Fax +49 (65 31) 97 33–33
www.mosellandtouristik.de

MOSELWEIN E.V.
Gartenfeldstr. 12a
D-54295 Trier
Tel. +49 (0)6 51/ 7 10 28-0
Fax +49 (0)6 51/ 4 54 43
www.msr-wein.de

50° NÖRDL. BREITE

Wittlich

Wenge

Platt

R H E I N L A N D - P F A L Z

A1

Bergweiler

Dreis

O
Mo

Kester

Dörbach Piesport

Wir

Rivenich

Niederemmel

Bekond

Neumagen

Mir

Klüsserath

Ohron

Thörnich

Köwerich

Schweich

Ensch

Detzem

Trittenhei

Schleich

Leiwen

Longuich

Mehring

Pfalzel

Pölich

Mosel

Riol

Trier

Ruwer

A1

Norden

10 km

Koblenz

Mosel

Reil

Zell

Burg

Kövenig

Kinheim

Kröv

Enkirch

Erden

Wolf

Lösnich

Zeltingen

Starkenburg

Wehlen

Graach

Traben
Trarbach

Lieser

Bern-
kastel-
Kues

Andel

Veldenz

Kautenbachtal

Hahn-Flughafen

1 Trier Landesmuseum
www.landesmuseum-trier.de

2 Piesport
www.piesport.de

3 Wehlen
www.wehlen.de

4 Traben-Trarbach
www.traben-trarbach.de
www.moselbahn.de

KARTENAUSSCHNITT

HANNOVER

DÜSSELDORF

BONN

FRANKFURT

LUXEMBURG

TRIER

HEIDELBERG

STUTTGART

STRASSBURG

© Infographic.de

Schiefer
Durch enormen Druck entstan-
denes metamorphes Gestein
aus dünnen, leicht spaltbaren
Schichten. Es gibt viele Arten
von Schiefer, die in Farbe und
chemischer Zusammensetzung
sehr unterschiedlich sind.

Terroir
Französische Idee mit 1001
Definitionen. Der Ausdruck
Terroir wird auch im deutschsprachigen Raum immer häufiger gebraucht, um den durch die
Herkunft geprägten Charakter
eines Weins zu erklären oder
hervorzuheben.

graue Schieferbrille und projizieren dadurch eine aus der Geologie herrührende Eintönigkeit auf das ganze Gebiet.

Blickt man eine Generation zurück, auf die Zeit vor dem gegenwärtigen Aufschwung, dann konstatieren damalige Autoren zwar sämtlich klare stilistische und qualitative Unterschiede zwischen den Weinen verschiedener Erzeuger, aber Erwähnungen von bedeutenden geschmacklichen Unterschieden geographischen Ursprungs, bzw. Terroir, sind auffallend selten. Sie wurden nur großräumig wahrgenommen. Fast immer wurde das Gebiet geschmacklich viergeteilt, in Mittelmosel, Saar-Ruwer, Untermosel (die oft auch qualitativ als »unten« eingestuft wurde) und Obermosel (über die kaum geredet und geschrieben wurde, weil dort kaum Riesling wuchs). Im Nachhinein war es eindeutig eine Krisenzeit für das Gebiet, auch wenn das die wenigsten damaligen Autoren so beschrieben. Deutlichstes Zeichen dafür war die geringe Zahl konsequent qualitätsorientiert arbeitender Erzeuger.

■ **Das Tal ist eng.**
Ernst Loosen, Weingut Dr. Loosen, Bernkastel,
über die Mittelmosel-Mentalität

Die gegenwärtige Qualitätsrevolution an der Mosel ging während dieser Krisenzeit von ehrgeizigen Aufsteigern aus, und heute gibt es nicht nur wesentlich mehr Weingüter, die nach Qualität streben, sondern es beschäftigen sich so gut wie alle diese Winzer mit der geschmacklichen Auswirkung des Terroirs. Händler, Gastronomen und das interessierte Publikum folgen ihnen darin. Es ist eine wesentlich erfreulichere, aber auch unübersichtlichere Situation als vor einer Generation – wie sich orientieren?

Die grobe Vierteilung des Gebiets wird nur dann problematisch, wenn damit die Beschäftigung mit der geographischen Herkunft des Moselweins aufhört. Als erste Orientierungshilfe aber ist sie durchaus brauchbar, weil die Weine des Gebiets sich tatsächlich grob in vier unterschiedliche regionale Typen einteilen lassen. Der beste Ausgangspunkt für eine Wein-Entdeckungsreise an »die Mosel« liegt mitten im Kern des engen Tals: an der Mittelmosel, wo viele der berühmtesten Weine wachsen.

Kein Erzeuger im ganzen Gebiet ist so lange einem Weintypus treu geblieben wie Dr. Manfred Prüm, der 1969 nach dem plötzlichen Tod seines Vaters Sebastian Alois die Führung des 1911 gegründeten WEINGUTS JOH. JOS. PRÜM in Wehlen übernahm. Weltbekannt als »Johann Josef« oder »J. J.« baute er auf den vom Vater gelegten Fundamenten auf, was zu einer fast konstanten stilistischen Handschrift von 1921 bis heute führte. Katharina Prüm, die dabei ist, allmählich die Führung des Weingutes von ihrem Vater zu übernehmen, denkt ebenfalls nicht an Revolution. Vielmehr will sie am Riesling, den traditionellen Spitzenlagen und dem Hausstil festhalten. Die Identität der J.-J.-Weine scheint fast so unumstößlich wie das mächtige Jugendstil-Gutshaus, mit Spitzturm und natürlich aus Schiefer. Wo sonst gibt es solche Konstanz in der gegenwärtigen Weinwelt? Es ist ein Unikat, das ähnlich zeitlos wie das Moseltal wirkt – aber auch hier trügt der Schein ein wenig.

Vor einer Generation waren die J.-J.-Weine unter deutschsprachigen Fachleuten umstritten. Für die einen stellten sie den Inbegriff des duftigen und filigranen Mittelmosel-Weins dar, während andere sie als zu eigenwillig in der Aromatik, zu angestrengt in der Süße-Säure-Balance oder schlichtweg als zu süß ablehnten. Was manche Weinfreunde immer noch als eigenwillig empfinden, ist eine von der Gärung herrührende hefige Note, die viele Rieslingweine in ihrer extremen Jugend aufweisen, bis sie auf die Flasche kommen aber längst verloren haben. Weil beim Weinausbau bei »J. J.« die Entwicklung der Weine zugunsten ihrer Lagerfähigkeit mächtig gebremst wird, bleiben diese Töne hier wesentlich länger präsent und brauchen auch nach der Abfüllung oft viele Monate oder gar einige Jahre Lagerung, bis sie verschwinden.

Die Bremse, die Manfred Prüm zieht, heißt Reduktion und ist das Gegenteil von Oxidation. Bei Prüm führt sie zu faszinierenden und gigantisch langlebigen Weinen. Fast immer zart bis betont süß sind sie mit einer enormen Fülle an Aromen ausgestattet, die von Geißblatt und Rosen über Apfel und Pfirsich bis hin zu tropischen Früchten und Dörrobst reichen. Die Süße findet immer einen Gegenpol in einer pointierten, aber nie kantigen Säure. Diese Harmonie hat ihren Ursprung in der extrem späten Lese, die fast immer bis weit in den November andauert. Zuerst haben noch viele seiner Kollegen über Prüm gelacht, doch als er die Ergebnisse erstmals der Öffentlichkeit präsentier-

Weingut Joh. Jos. Prüm
Uferallee 19
D-54470 Wehlen
Tel. +49 (0)65 31/30 91
Fax +49 (0)65 31/60 71
E-Mail: info@jjpruem.com
www.jjpruem.com
Öffnungszeiten:
nach Vereinbarung

Reduktion
Das Gegenteil von Oxidation. Bei der Reduktion wird Sauerstoff abgegeben und Wasserstoff aufgenommen, bei der Oxidation ist es genau andersherum.

te, verstummten sie verblüfft. Inzwischen verfolgen quasi alle qualitätsorientierten Mosel-Erzeuger diese Strategie, wenn auch mit sehr unterschiedlicher Konsequenz. Klar ist allen: An Mosel, Saar und Ruwer gibt es keine Alternative zur späten Lese, wenn Qualität das Ziel sein soll, denn

Manfred Prüm und seine Tochter Katharina bei der Verkostung der Weine des letzten Jahrgangs im Weingut Joh. Jos. Prüm in Wehlen.

nur so erhält man voll ausgereifte Trauben mit solch einem Aromareichtum und einer harmonischen Säure.

Manfred Prüm ist zwar kein Freund des Terroir-Gedankens an sich, aber seine Weine spiegeln stets die Besonderheiten ihres Ursprungs wider. So schmecken die Weine aus dem Graacher Himmelreich immer fester und kerniger und weisen eine kühlere Aromatik auf als jene aus der Wehlener Sonnenuhr gleichen Jahrgangs und gleicher Prädikatsstufe, obwohl beide Lagen einen grauen Schieferboden haben. Die subtilen Duftnoten nach Blüten, frischen Pfirsichen und exotischem Obst in den Spät- und Auslesen aus der Wehlener Sonnenuhr und ihre rassige, aber hochelegante Säure haben sie zu legendären Gewächsen gemacht. In den edelsüßen Auslesen mit Goldkapsel oder langer Goldkapsel sowie in den noch dichteren Beerenauslesen und Trockenbeerenauslesen aus der Sonnenuhr findet man diese Eigenschaften in enorm gesteigerter Form, ohne dass die natürliche Traubensüße der Weine je dominant wird.

Die Langlebigkeit der Weine liegt zwischen ein paar Jahrzehnten bei den Spätlesen und mindestens einem halben Jahrhundert bei den Beerenauslesen und Trockenbeerenauslesen. Das ist, wofür »J.J.« weltweit steht. Diese Weine definierten lange Zeit international den Mittelmosel-Riesling und prägten das Bild des guten deutschen Weins ganz entschieden. Die trockenen Weine des Gutes hingegen blieben vollständig im Inland, und auch da haben sie wenig Spuren hinterlassen. Aus diesem Grund sowie einer persönlichen Abneigung hat Katharina Prüm deren Erzeugung in den letzten Jahren drastisch eingeschränkt, quasi eingestellt. Sie bevorzugt die feinherbe Richtung, mit nur einem Hauch unvergorener Traubensüße zur Ausbalancierung der Säure. Mit dem Jahrgang 2003 ist eine meistens feinherbe Riesling Spätlese aus der Bernkasteler Badstube eingeführt worden, ein schlanker, kerniger und recht säurebetonter Wein, der sehr gut zum herzhaften Essen passt. Bei genauerer Betrachtung gibt es also auch bei »J.J.« durchaus Veränderungen.

Diese Entwicklung hin zum feinherben Riesling ist an Mosel, Saar und Ruwer allerdings kein J.-J.-Prüm-spezifisches Phänomen, sondern seit Anfang des Jahrhunderts zu beobachten. Bei den führenden Erzeugern ist die Bezeichnung »halbtrocken« fast ausgestorben und langsam reduziert sich auch die Anzahl trockener Weine.

I m Nachbarhaus der Prüms an der Uferallee von Wehlen gegenüber den steilen Hängen der Lage Sonnenuhr neben der Hängebrücke liegt das kleine, aber feine WEINGUT DR. F. WEINS-PRÜM, wo Bert Selbach seit über einem Vierteljahrhundert zuverlässig gute Mittelmosel-Rieslinge aus einigen der besten Lagen erzeugt. Auch wenn Selbach ein paar herbe Weine im Sortiment hat, widmet er sich hauptsächlich Weinen der Prädikatsstufen Kabinett, Spätlese und Auslese mit deutlich spürbarer natürlicher Traubensüße. Er betrachtet diese Weine als die große Stärke der Mittelmosel, und die internationalen Märkte, die er beliefert, ziehen diese Weine eindeutig den trockenen vor. Sie fallen bei ihm feinduftig, schlank und filigran aus, die Süße immer in stimmiger Harmonie mit der Säure. Es sind selten spektakuläre

Prädikatswein
Laut Gesetz die höchste Kategorie des deutschen Weinrechts, bei der eine Anreicherung mit Zucker nicht erlaubt ist. Die einzelnen Prädikate sind: **Kabinett** (leichter, feinfruchtiger, spritziger Wein, der meist aus grünen Trauben bereitet wird), **Spätlese** (wird aus vollreifen Trauben gewonnen und kann entweder trocken oder mit natürlicher Traubensüße ausgebaut werden), **Auslese** (dazu werden überreife und/oder edelfaule Trauben gesondert gelesen oder ausgelesen. Der Wein hat eine natürliche Süße, aber auch exotische Aromen und oft eine animierende Säure), **Beerenauslese** und **Trockenbeerenauslese** (aus streng selektionierten, überreifen und edelfaulen Beeren. Honigsüße, enorme Würze und Tiefe sind die typischen Geschmacksmerkmale).

Weingut Dr. F. Weins-Prüm
Uferallee 20
D-54470 Wehlen
Tel. +49 (0)65 31/22 70
Fax +49 (0)65 31/31 81
Öffnungszeiten:
nach Vereinbarung

Säure
Wichtige Komponente im Wein bezüglich Geschmack und Qualität, aber auch Stabilität und Haltbarkeit.

Weingut Heribert Kerpen
Uferallee 6
D-54470 Wehlen
Tel. +49 (0)65 31/68 68
Fax +49 (0)65 31/34 64
E-Mail:
weingut-kerpen@t-online.de
www.weingut-kerpen.de
Öffnungszeiten:
Mo. – Fr. 9–18 Uhr, Sa. 10–14 Uhr
und nach Vereinbarung

Fuder
Traditionelles 1000-Liter-Holzfass mit rundem Spiegel für Weißweine an Mosel, Saar und Ruwer seit der Römerzeit. Es handelt sich um die ersten Holzfässer für Wein überhaupt.

Weine, doch auch wenn sie mit keinen Punkten oder Preisen aufwarten können, ist die qualitative und stilistische Beständigkeit beachtlich.

Genauso zuverlässig fallen die Unterschiede zwischen den verschiedenen Lagen aus. Hier stehen seit jeher die eleganten, zarten Weine aus der Wehlener Sonnenuhr mit ihrer feinen Pfirsicharomatik in edlem Wettstreit mit den üppigeren, muskulöseren Weinen aus der Lage Erdener Prälat mit rotem Schieferboden, die oft nach Mango und anderen exotischen Früchten duften. Auch die Weine aus dem Graacher Domprobst gehören sehr häufig zur Auslesekategorie und haben stets eine ganz andere Festigkeit. Der bescheidene Selbach und sein Weingut gehören im positiven Sinne zur Kategorie der »Klassiker«. Das würden auch eine Reihe anderer Güter in Wehlen von sich behaupten, doch fehlt es ihnen an qualitativer Beständigkeit. Das spiegelt die Gesamtsituation in diesem Talabschnitt wider; viel wird von Qualitätsstreben geredet, aber nicht immer wird das Äußerste dafür getan.

Martin Kerpen, dessen Weingut Heribert Kerpen in einem Jugendstilhaus am anderen Ende der Uferallee residiert, gehört nicht gerade zu den Stillen im Lande. Mitte der 1980er-Jahre wurde er von der internationalen Weinpresse als einer der Pioniere der »Neuen Mosel« gefeiert, und diese Rolle passte ihm wie angegossen. Seit dieser Zeit ist er seinem unverhohlen fruchtbetonten Stil des süßen Moselrieslings treu geblieben. Die Weine stammen vorwiegend aus der Wehlener Sonnenuhr, wo er 3,8 Hektar besitzt. Mit heiterem Duft wirken sie als junge Weine richtig saftig und lustig, aber nie aufdringlich oder gar kitschig. Das funktioniert, weil Kerpen ein sehr sicheres Gespür dafür besitzt, wie viel Traubensüße solche Weine behalten können, ohne vordergründig süß zu schmecken. Im günstigsten Fall fungiert die Süße nicht nur als Säure-Ausgleichsmittel, sondern als Aromenverstärker. Kerpens beste Spätlesen und Auslesen werden mit Sternchen auf dem Etikett versehen und haben deutlich mehr Feinheit und Dichte als die regulären Abfüllungen. Wer meint, solche Fruchtbomben stammten zwangsläufig aus dem Edelstahltank, irrt: Kerpen vinifiziert nahezu seine gesamte Produktion im traditionellen Fuderholzfass.

Im deutschsprachigen Raum ist Kerpen allerdings vor allem durch seine trockenen Weine bekannt geworden, und im Vergleich mit dem gepflegten Stillstand beim süßen Wein gab es hier in den letzten Jahren eine sehr dynamische Entwicklung. Mit dem Jahrgang 2003 begann bei Kerpen ein neues Zeitalter des trockenen Rieslings. Plötzlich wiesen viele Weine 13 Volumenprozent und mehr natürlichen Alkohol auf. »Da haben wir gemerkt, wie Alkohol den Wein runder macht, aber nicht breit«, erinnert sich Kerpen, ohne zu erwähnen, dass Moselrieslinge bei fehlender Harmonie bereits mit elf Volumenprozent Alkohol alkoholisch schmecken können. Seine 2005er Graacher Domprobst Auslese trocken liegt nicht weit unter 14 Volumenprozent natürlichem Alkohol, wirkt dabei aber alles andere als alkoholisch und zeigt die für die Mittelmosel charakteristische pointierte Säurefrische, gepaart mit einer reifen Ananasnote. Für das traditionslastige Wehlen sind das revolutionäre Weine!

Während des 20. Jahrhunderts standen die Bernkasteler Weingüter um die internationale Anerkennung als Meister des eleganten Moselweins im direkten Wettstreit mit den Wehlener Betrieben. Lange wurde gestritten, ob nun die Rieslinge aus der Wehlener Sonnenuhr oder aus dem Bernkasteler Doctor die feinsten seien. Während der Stern der Sonnenuhr und ihrer Erzeuger nach dem Zweiten Weltkrieg in der englischsprachigen Welt stetig stieg, rutschte der des Doctors schubweise ab. Das hatte vor allem mit der qualitativen Unbeständigkeit der Doctor-Abfüllungen zu tun; zu selten wurde der Wein den Erwartungen und der Legende dieser einzigartigen Lage gerecht.

Diese schwierigen Zeiten scheinen beim WEINGUT WWE. DR. H. THANISCH (ERBEN DR. THANISCH) in Bernkastel endlich überwunden. Unter Sofia Thanisch-Spier hat das Gut eine stilistische Nische fest besetzt. Zusammen mit Betriebsleiter Olaf Kaufmann setzt sie ganz konsequent auf Eleganz und ein zartes Fruchtsüße-Säure-Spiel. Etwa seit der Jahrhundertwende gelingt das durchgehend, und alle Weine des Guts tragen eine ganz klare eigene Handschrift. Der traditionsreiche Ruf des Thanisch-Guts geht übrigens auf die Trockenbeerenauslesen aus den Jahren 1921 und

Weingut
Wwe. Dr. H. Thanisch –
Erben Thanisch
Saarallee 31
D-54470 Bernkastel
Tel. +49 (0)65 31/75 70
Fax + 49 (0)65 31/79 10
E-Mail: sofia@thanisch.com
www.dr-thanisch.com
Öffnungszeiten:
nach Vereinbarung

Die Mosel von Minheim bis Zeltingen

■ WEINANBAU ■ WALD ■ STÄDTE & DÖRFER

Weinlagen

Osann

Monzel

Kammer Juffer Sonnen

Paulins-
hofberger

Kesten

Brauneberg

Goldtröpfchen

Filzen

Piesport *Kreuzwingert*

53

Niederemmel

Wintrich

Güntenslay

Ohlingsberg

Mosel

Minheim

Burgen

Burgenfahls

53

Kinheim

Machern

Kindl

Klosterberg

50

Zeltingen

Sonnenuhr

50

Siebenborn

Uferallee

Sonnenuhr

Noviand

Himmelreich

Wehlen

Josephshöfer

Maring

53

Dromprobst

Mosel

Graach

Graacher
Schäferei

Juffer

Lieser

*Niederberg-
Helden*

*Himmel-
reich*

Mühlheim

Mosel

Lay

*Helenen-
kloster*

Kurpark

53

Graben

*Weisen-
stein*

*Alte Backstube
am Doctorberg*

Kues

Doctor

Alt Bernkastel

onnenlay

Andel

■ RUINE BURG LANDSHUT

Kirchberg

Veldenz

50

Monzelfeld

Norden

■ RUINE SCHLOSS VELDEZ

1 km

1934 zurück – Weine, die viel mehr durch ihre Feinheit bestachen als durch ihre Wucht.

Im aktuellen Sortiment gibt es zwei Hauptlinien: zum einen die Weine mit natürlicher Traubensüße aus der Bernkasteler Badstube (die an sich eine Großlage ist, aber doch kleiner als viele Einzellagen an der Mittelmosel), zum anderen die Weine der gleichen Ausbaurichtung aus dem Bernkasteler Doctor. Für Moselverhältnisse ist das ein stark gestrafftes Programm! Die Badstube-Weine wirken immer ein wenig kräutrig-erdig, recht fest und säurebetont, die Doctor-Weine hingegen edler im Duft und seidiger im Geschmack. Vor allem die Auslesen aus dem Doctor verfügen über delikate exotische Fruchtnoten und eine zurückhaltende Cremigkeit. Trotzdem sind es stets schlanke Moselschönheiten, die nie üppig-süß schmecken. Ähnlich filigran fallen die wenigen trockenen Weine aus dem Doctor aus. Die Thanisch-Weine sind generell sehr zart und damit kaum geeignet, um Schlagzeilen zu machen.

Kein anderer Winzer an der Mittelmosel hat mehr dafür getan, die Mosel aus ihrer defensiven Haltung zu befreien, neue Impulse zu geben und die Stärken des Gebiets international bekannt zu machen, als Ernst Loosen vom WEINGUT DR. LOOSEN. Ab 1987 schuf er zusammen mit seinem Verwalter Bernhard Schug, der tropische Viehzucht in Gießen studiert hatte und den unverstellten Blick eines Außenseiters mitbrachte, eine neue Art von Moselriesling, die hohe Wellen schlug. Loosen und Schug verbanden das Rassig-Lebendige des gängigen Gebietsweintypus mit einer mineralisch-würzigen Kraft, die damals an der Mosel völlig unbekannt war. Das Ergebnis waren extrem ausdrucksstarke Weine, von denen die meisten heute nicht weniger beeindrucken als in ihrer Jugend. Die Mittel, mit denen sie diese Kraft in den Wein bannten, waren zu diesem Zeitpunkt kaum weniger revolutionär als das Resultat selbst: Verzicht auf mineralische Dünger, um die Erträge drastisch zu reduzieren, sehr späte und selektive Lese, Spontanvergärung mit natürlichen Hefen, extrem schonende Behandlung des Weins im Keller. »Terroir« stand groß auf Loosens Fahne.

Schnell baute sich unter den Winzerkollegen eine Gegenfront auf, die Loosen, seine Ideen, seine Arbeitsweise und

Weingut Dr. Loosen
St. Johannishof 1
D-54470 Bernkastel
Tel. +49 (0)65 31/34 26
Fax +49 (0)65 31/42 48
E-Mail: info@drloosen.com
www.drloosen.de
Öffnungszeiten:
nach Vereinbarung

Spontangärung
Ohne Zugabe von Reinzuchthefen einsetzende Gärung, für die sogenannte Wildhefen bzw. Hefen der Kellerflora zuständig sind.

seine Weine belächelte. Loosen und Schug aber verfolgten den eingeschlagenen Weg umso radikaler und trieben den neuen Stil während der 1990er-Jahre wahrhaftig auf die Spitze. Im Inland war man erschüttert: »Das kann doch nicht ernst sein!«, im Ausland dagegen war die Resonanz eine ganz andere: einer Welle des Lobes folgte die nächste.

Loosen war gewissermaßen der erste wilde Jungwinzer Deutschlands, der von Kritik unbeeindruckt freudig unkonventionelle Wege beschritt und mit vielen Methoden experimentierte, die heute bei den Jungwinzern *en vogue* sind, wie etwa eine Maischestandzeit der gemahlenen Trauben vor der Kelterung oder eine extrem lange Gärung bis in den Sommer hinein.

Maischestandzeit
Zeitspanne, während der der noch unvergorene oder gärende Rot- oder Weißweinmost oder Jungwein auf der Maische liegt.

Moselrieslinge wie diese Schatzkammer im Weingut Willi Schäfer können enorm lange auf der Flasche reifen. Diese Jahrgänge schmecken keinesfalls schon alt!

Ab Mitte der 1990er-Jahre erntete Loosen auch im Inland zunehmend Lob, was in der Verleihung des Titels »Winzer des Jahres 2001« vom »Gault Millau WeinGuide« Deutschland gipfelte. 1996 übernahm er das Pfälzer Weingut J. L. Wolf in Wachenheim, wo er vorwiegend trockene Weine erzeugt; 1999 lancierte er in einem Joint-Venture mit Château Ste. Michelle in Washington State/USA den feinherben Riesling Eroica, und 2006 erzeugte er seine ersten Pinot-noir-Rotweine in Oregon/USA. Während des letzten Jahrzehnts erfolgte außerdem der stetige Aufbau der Mosel-Marke »Dr. L. Riesling« aus zugekauften Trauben. Aus dem wilden Jungwinzer ist ein erfolgreicher, global agierender Wein-Unternehmer geworden.

Der jüngste geschmackliche Wandel der Weine im Weingut Dr. Loosen hat seinen Ursprung im nassen Herbst 2000, als Loosen sich entschied, manche seiner Prinzipien preiszugeben – allen voran die Spontangärung –, um die Klarheit der Weine sicherzustellen. Moselwinzer wissen bestens, wie Herbstnässe zu Fäulnis führt, und kennen nicht nur die edle Variante! Die 2000er Weine gefielen dann Loosen selber nicht weniger als dem Publikum, woraus eine schrittweise Abwendung von der Spontangärung im Gut erfolgte. Heute werden die trockenen Weine grundsätzlich mit einer kleinen Zahl »altmodischer, neutraler« Reinzuchthefen vergoren, die Weine mit natürlicher Süße zum Teil auch, zum Teil aber auch noch spontanvergoren.

Reinzuchthefe
Gezüchtete, genetisch homogene Gärhefe. Reinzuchthefen können Gärfehler verhindern helfen.

Der radikale Loosen-Stil von einst existiert heute nur noch bei den Auslesen, vor allem aus dem Ürziger Würzgarten und dem Erdener Prälat. Diese enorm konzentrierten Weine spiegeln die unterschiedlichen Lagen auf frappante Weise wider. Die aus dem rotliegenden Boden des Würzgartens sind – *nomen est omen!* – tatsächlich immens würzig, mit einem Kern, der so dicht und fest wie der eines Atoms scheint. Die aus dem roten Schiefer des Prälat – einer winzigen Lage mit optimalem Kleinklima, die sich mit bester Südausrichtung unmittelbar flussabwärts von Ürzig zwischen mächtige Schieferfelsen und das Moselufer quetscht – muten im Duft exotisch an, meistens nach Mango, oft in Verbindung mit einer Bittermandelnote, sind üppig-mächtig und abgrundtief. Dagegen wirken die Auslesen aus der Wehlener Sonnenuhr leichter und eingängiger, aber sehr saftig. Diese Lagenunterschiede wiederholen sich in zarterer Form bei den anderen Weinen.

Bei den Kabinettweinen (die trotz Klimaveränderung echte Leichtweine sind) und den Spätlesen macht sich die stilistische Änderung im Weingut Dr. Loosen deutlich bemerkbar. Vor zehn Jahren waren diese Weine noch viele Monate nach der Abfüllung ziemlich hefig im Duft. Jetzt wirken sie fruchtiger mit betonterem Süße-Säure-Spiel, sind dafür aber oftmals weniger kompromisslos mineralisch als früher.

Die trockenen Weine haben ebenfalls einen großen Wandel durchgemacht und sind deutlich runder als früher. Man könnte lange diskutieren, ob der trockene Ürziger Würzgarten – mit fast barocker Würze, ohne dadurch jedoch laut zu wirken – oder der etwas straffere, aber sehr nachhaltige Erdener Treppchen hier an der Spitze liegt. Auch aus der Bernkasteler Lay gibt es in dieser Kategorie Weine, oft mit ausgeprägter Grapefruitnote, gelegentlich ein wenig an Sauvignon blanc erinnernd. Der trockene Gutsriesling Blauschiefer steht ihnen qualitativ nicht viel nach.

In einem weiteren Punkt hat sich Ernst Loosen ebenfalls deutlich geändert: Der einstige Terroir-Verfechter hat die endlosen Diskussionen um dieses Thema satt und stellt jetzt ganz die Qualität im Glas in den Vordergrund.

Willi Schaefer vom WEINGUT WILLI SCHAEFER in Graach nimmt das T-Wort auch nur selten in den Mund, obwohl jeder seiner Rieslinge im Charakter deutlich auf seine geographische Herkunft verweist. Mit Ausnahme eines einzigen Fasses Riesling aus der Wehlener Sonnenuhr pro Jahr sind sie stark von den extrem tiefen grauen Schieferböden in den steilen Hängen von Domprobst und Himmelreich geprägt, die unmittelbar hinter Graach aufsteigen. Nicht nur der Ort, sondern auch Uferwiesen trennen diese Lagen von der Mosel. So herrscht hier eine etwas andere Situation als im benachbarten Bernkastel und Wehlen, und auch die Weine schmecken anders.

Trotz eines Generationswechsels hat sich im Weingut Willi Schaefer in den letzten Jahrzehnten kaum etwas geändert. Und das soll auch so bleiben. Denn Christoph Schaefer, der reichlich Erfahrungen in Kalifornien und Südafrika gesammelt hat, will der Weinstilistik seines Vaters treu bleiben. Der Begriff »Weinstilistik« ist allerdings unzureichend für das, was Willi Schaefer seit 1971 konsequent verwirklicht. Es ist viel mehr eine Vision vom Mittelmosel-Riesling

Weingut Willi Schaefer
Hauptstraße 130
D-54470 Graach
Tel. +49 (0)65 31/80 41
Fax +49 (0)65 31/14 14
Öffnungszeiten:
Mo.–Fr. 9–12 und 14–18 Uhr,
Sa. 10–12 Uhr, So. nach
Vereinbarung

*Nachfolgende Doppelseite:
Welche Lagen berühmt sind,
hängt keinesfalls nur von wohl-
klingenden Namen ab, sondern
viel mehr von der Qualität der
Weine aus den letzten Jahrgängen. Graacher Himmelreich klingt
gut, es gibt viele aktuelle Weine,
und der Ruf steigt wieder.*

als schlanker, rassiger Wein mit enormer Ausstrahlung. Die aromatische Brillanz der Schaefer-Weine und ihre markante rassige Säure hat sie zum Gegenstand eines internationalen Kults gemacht; vor allem die Spät- und Auslesen aus dem Domprobst sind höchst begehrt. Sie verkörpern diese Vision perfekt und sind noch dazu knapp in der Menge. Eine kühle schwarze Johannisbeernote, die für den Domprobst typisch ist, verbindet sich mit ausgeprägter Mineralität, die von unauffälliger Süße bestens unterstrichen wird. Die Kabinettweine aus der gleichen Lage bieten dieses Geschmackserlebnis in Miniaturform mit betonter Säure und zurückhaltenderer Süße. Dagegen wirken Schaefers Weine aus dem Himmelreich verspielter im Duft, charmanter und runder im Geschmack. Aus dieser Lage werden auch die schlanken, feinherben Weine des Guts erzeugt.

Das Weingut ist gewissermaßen eine ganz typische Erscheinung für Graach und viele andere Orte im Gebiet. Die Schaefers residieren weder in einem imposanten Gutshaus, noch ist ihr Weinbergsbesitz von 4 Hektar für Graach ungewöhnlich. Weingüter mit zweistelligen Hektarflächen gibt es aufgrund der Säkularisierung und des seit der Wende des 18. auf das 19. Jahrhundert herrschenden Erbrechts nicht; Napoleon lässt grüßen! Oft wurde jede einzelne Rebparzelle im Erbfall aufgeteilt; so sind Parzellen mit nur drei Quadratmetern zustande gekommen! In Graach fand bereits im Laufe der 1970er-Jahre eine Flurbereinigung statt, die wieder für eine ordentliche Parzellengröße sorgte und geteerte Wege durch die Weinberge zog – sonst würde es heute im Steilhang deutlich mehr Brachflächen geben als nur den Streifen oben am Wald.

In diesem Tal ist jedem Winzer klar, dass es ohne harte Arbeit nicht möglich ist, auf einen grünen Zweig zu kommen. Aber bis vor wenigen Jahren war das Ziel dieser Schufterei meistens Quantität statt Qualität. Und auch heute ist trotz des inzwischen erfolgten Mosel-Aufschwungs die feinfühlige Detailarbeit der Schaefers noch selten anzutreffen. Für jedes Fass haben sie ein klares Ziel, nach dem die Weinbergsarbeit gestaltet wird, ob etwa ganz saubere grün-gelbe Trauben mit recht hoher Säure für Kabinettweine gelesen oder goldgelbe Trauben mit ein wenig Edelfäule für Spitzenspätlesen selektiert werden. Ein anderer besonderer Faktor ist die inhärente Güte der Graacher Lagen. Heutzutage

Edelfäule

Botrytis cinerea ist ein Schlauchpilz, der die Rebe bei entsprechender Witterung befallen kann und in zwei Formen auftritt: 1. Die unerwünschte Graufäule befällt die grünen Teile der Rebe und lässt sie abfaulen. 2. Die zumeist erwünschte Edelfäule befällt die im fortgeschrittenen Reifestadium befindlichen Traubenschalen und macht sie porös, so dass es durch die nun einsetzende Verdunstung des Fruchtwassers der immer weiter einschrumpfenden Beeren zu einer Konzentration der Geschmacks- und Inhaltsstoffe kommt. Aus solchen Beeren werden edelsüße Weine erzeugt.

mögen andere Gemeinden im Rampenlicht der Weinwelt stehen, aber in der preußischen Klassifizierung der Moselweinberge von 1816 bis 32 sind die Weinberge Graachs höher bewertet als die jeder anderen Gemeinde der gesamten Mosel, Saar und Ruwer.

Eine ganz andere Art legen die Weine des zweiten führenden Erzeugers Graachs an den Tag, des WEINGUTS KEES-KIEREN. Hier spielen trockene und feinherbe Weine eine bedeutende Rolle und fallen für Moselverhältnisse recht füllig und fleischig mit eher sanfter Säure aus. Ernst-Josef Kees, der den Betrieb seit 1987 mit seinem Bruder Werner führt, sieht darin nicht nur das Ergebnis einer Politik der späten Lese für trockene Weine, sondern auch der Klimaerwärmung. Die Jahresdurchschnittstemperatur ist an der Mittelmosel während der letzten 20 Jahre um ein Grad Celsius gestiegen. Unter diesen neuen Bedingungen ist die Weinbergspflege zur Gratwanderung geworden. Die Gefahr für die Trauben ist dabei nicht wie bis in die 1980er-Jahre ein Sonnendefizit, heute kann es vielmehr in manchen Jahren bei ungeschickter Weinbergspflege zu einen Überschuss an Sonneneinstrahlung kommen.

An der Spitze des herben Kees-Kieren-Sortiments aus dem Graacher Domprobst stehen der geschmeidige, elegante Riesling trocken S und der opulente, mächtige Riesling Großes Gewächs. Nicht weniger überzeugend sind die saftige, heitere Riesling Spätlese feinherb und die noch dichtere und filigranere Riesling Auslese feinherb. Dies sind gastronomische Weine im besten Sinne des Wortes. Bei den Weinen mit natürlicher Restsüße kommen zwei weitere Lagen ins Spiel, das Erdener Treppchen mit ausgeprägter Kräuternote und die grazilen, zartwürzigen Weine aus dem Kestener Paulinshofberg. Trotzdem stehen auch hier die Gewächse aus Graach aufgrund ihrer Saftigkeit, ihres Körpers und ihrer Säurefrische an der Spitze. Vor allem im Auslesebereich gab es in den letzten Jahren viele starke Weine. Dabei ging die Kategorie der Kabinettweine erfreulicherweise nicht unter. »Kabinette dürfen nicht zu süß sein, sie müssen echte Saufweine sein«, meint Ernst-Josef Kees und strahlt dabei eine moselanische Lebenslust aus, die voll und ganz zu diesen Weinen passt.

Neben diesen Graacher Gütern müssen die Josephshöfer Weine vom Weingut Reichsgraf von Kesselstatt erwähnt

Weingut Kees-Kieren
Hauptstraße 22
D-54470 Graach
Tel. +49 (0)65 31/34 28
Fax +49 (0)65 31/15 93
E-Mail: weingut@kees-kieren.de
www.kees-kieren.de
Öffnungszeiten:
Mo.–Sa. 9–18 Uhr, So. und an Feiertagen nach Vereinbarung
Gästezimmer

Restsüße
Nach abgeschlossener Gärung in dem Wein enthaltene Traubensüße.

Mittelmosel schmecken

VARIDOR RIESLING TROCKEN
Weingut Carl Loewen/Leiwen

»Variationen in Gold« bedeutet der Name der Selektion (kein Klon!) aus 100-jährigen Reben, die Karl-Josef Loewen in fast flache Weinberge um den Ort Leiwen gepflanzt hat. Er schmeckt richtig golden und zeigt genau die duftige, charaktervolle und elegante Art, die die Mosel berühmt gemacht hat. Wer mehr Feinheit will, greift zu Loewens Laurentiushof Alte Reben.

TRARBACHER HÜHNERBERG RIESLING TROCKEN
Weingut Martin Müllen/Traben-Trarbach

Eine in Vergessenheit geratene Spitzenlage meldet sich wieder zu Wort, mit einer erstaunlichen Botschaft aus einem Seitental der Mosel. Extremer kann Blütenduft beim Riesling kaum sein: Der Wein strömt vor Lilien- und Hyazinthenaromen förmlich über! Er ist schlank und fast pikant in der Säure trotz ordentlich Substanz.

GRAACHER DOMPROBST RIESLING KABINETT
Weingut Willi Schaefer/Bernkastel-Graach

Christoph Schaefer macht diesen federleichten (7,5 Volumenprozent Alkohol!) Moselwein in demselben Stil wie sein Vater und dessen Vater. Für ihn sind die filigrane Rasse und die überschwänglichen schwarzen Johannisbeer- und mineralischen Aromen Zeichen eines Jetzt-Weins mit ungeheurer Lebendigkeit.

ÜRZIGER WÜRZGARTEN RIESLING SPÄTLESE
Weingut Dr. Loosen/Bernkastel

Wie der Name sagt, handelt es sich um einen ungemein würzigen Wein, und diese Würze schluckt die natürliche Süße der Trauben auf fast magische Weise. Durch den rotliegenden Boden ist seine Aromatik und Balance Lichtjahre entfernt vom pfirsich-geprägten, schlanken Moselweintypus aus den Grauschieferböden.

KLÜSSERATHER BRÜDERSCHAFT RIESLING HERZSTÜCK
Weingut Kirsten/Klüsserath

Bernhard Kirsten ist der führende Modernist an der Mittelmosel. Seine trockenen Rieslinge sind von überraschender Fülle und Schmelz für das Gebiet. Hierzu kommen beeindruckende Dichte und Nachhaltigkeit: Der Wein besteht mühelos neben den besten trockenen Rieslingen südlicherer Gebiete, deren Klima für diese Kategorie traditionell als besser geeignet gilt.

werden – nicht nur, weil sie aus der 4,8 Hektar großen Alleinbesitzlage in Graach stammen, sondern auch, weil sie ein besonderes Kapitel unter den Mittelmosel-Weinen darstellen. Es sind mit die mächtigsten Rieslinge des Gebiets, oft mit ausgeprägtem Aprikosenton und zart-erdigem Hintergrund, aber selten breit oder wuchtig. Bereits der Kabinett feinherb ist ein konzentrierter Wein, der tatsächlich fein und herb im Geschmack ist. Noch dichter, fester und nachhaltiger fällt das grandiose Große Gewächs aus.

Zeltingen, der nächste Ort flussabwärts am rechten Moselufer hat viel mit Graach gemein. Auch hier gibt es keine traditionsschweren Weingüter von Weltruhm, und noch extremer drängt sich der Ort zwischen die steilen Weinberge und das Moselufer. Diese Enge ist typisch für das Gebiet und war lange der Hauptgrund, warum so viele junge Moselaner die Straße aus dem Tal Richtung Köln, Mainz und noch weiter weg nahmen, um ihrer Heimat für immer den Rücken zu kehren. Wer blieb, wurde von der Enge des Tals entschieden geprägt – vielleicht begründet sich darin auch die sture Konsequenz vieler Spitzenwinzer.

Johannes Selbach vom WEINGUT SELBACH-OSTER in Zeltingen war lange draußen, fernab der Mosel, ist aber Ende der 1980er-Jahre aus den USA planmäßig zurückgekehrt, um die Führung des Familienweinguts und die damit verbundene bedeutende Weinexportfirma zu übernehmen. Selbach ist eine äußerst gelungene Mischung aus besessenem Moselaner und entspanntem Weltbürger, und das macht ihn zu einem wichtigen Botschafter für das Gebiet.

Die dezente Erscheinung des alten Gutshauses an der Uferallee trügt. Das Gut verfügt über 17 Hektar Weinberge und vinifiziert darüber hinaus eine beachtliche Menge zugekaufter Trauben für gewisse Basisweine. Trotz des breiten Selbach-Oster-Sortiments stehen die Weine aus den Zeltinger Lagen eindeutig im Vordergrund.

Auf der Landkarte sieht die Zeltinger Sonnenuhr einfach wie die Verlängerung der Wehlener Sonnenuhr aus, und der Blick vom linken Moselufer scheint diesen Eindruck zu bestätigen; die Lage wirkt wie ein weiterer, letzter Teil der gewaltigen Rebwand aus berühmten Steillagen, die sich von Bernkastel nach Nordwesten zieht. Aber hier wachsen ganz eigene Weine.

Weingut Selbach-Oster
Uferallee 23
D-54492 Zeltingen
Tel. +49 (0)65 32/20 81
Fax +49 (0)65 32/40 14
E-Mail: info@selbach-oster.de
www.selbach-oster.de
Öffnungszeiten:
nach Vereinbarung

Bei Selbach-Oster lassen sich Weine aus den beiden Sonnenuhr-Lagen direkt vergleichen: Jene aus der Zeltinger Sonnenuhr fallen fast immer würziger und dunkler im Duft aus; die für die Wehlener Sonnenuhr so charakteristischen heiteren Blütennoten kommen hier einfach nicht vor. In den letzten Jahren traten die meisten Selbach-Oster-Weine aus der Zeltinger Sonnenuhr als edelsüße Auslesen auf, mächtige Meteore, bei aller Kraft und Dichte doch edel und raffiniert. Die Auslesen des Guts werden mit Sternchen auf dem Etikett klassifiziert (bis zu drei – je mehr, desto besser). Seit dem Jahrgang 2004 wird aber auch eine Auslese aus der Zeltinger-Sonnenuhr-Einzelparzelle Rotlay getrennt abgefüllt; ein extrem feiner, delikater und nachhaltiger Wein. Aus der Parzelle Schmitt im Schlossberg, einer noch unterschätzteren Zeltinger Lage als die Sonnenuhr, kommt seit 2003 eine weitere Auslese mit enormer Kraft und Spannung; zusammen mit dem Rotlay zwei gegensätzliche Mosel-Meisterwerke.

Kabinett und Spätlesen aus der gesamten Lagenpalette des Guts sind gleichermaßen starke Charaktere. Sie fallen für diese Kategorien meist ungewöhnlich herb aus, was gelegentlich für Kontroversen sorgt.

»Mosel ist Mosel und soll so schmecken, nicht nach 70 Gramm Restsüße pro Liter!«, ist Selbachs oft wiederholter Kommentar dazu. Diese Stilistik macht sie leichter trinkbar als junge Weine, bei denen die Rolle der Süße als Geschmacksträger vom Winzer voll ausgenutzt wurde. Auch bei den herben Weinen setzt Selbach auf Harmonie und Schliff, statt den Bogen bis zum Äußersten zu spannen.

Auf eine ganz andere Auffassung von Moselwein trifft man beim WEINGUT MARKUS MOLITOR (HAUS KLOSTERBERG) auf der gegenüberliegenden Seite der Zeltinger Moselbrücke. Markus Molitor hat nicht die geringste Angst vor Kraft und Üppigkeit im Moselwein, auch wenn manche Fachleute seine Weine als »untypisch« abstempeln. Nur beim Alkohol ist er ein wenig vorsichtiger geworden. Seit dem Jahrgang 2003 gibt es hier weniger trockene Rieslinge als zuvor, weil er aus edelfaulen Trauben keine trockenen Weine mit weit über 13 Volumenprozent Alkohol erzeugen will.

»Es hat keinen Sinn, mit Gewalt auf trockene Weine zu setzen«, erklärt Molitor pragmatisch, aber auch ein wenig

Weingut Markus Molitor
Haus Klosterberg
D-54470 Wehlen
Tel. +49 (0)65 32/95 40 00
Fax +49 (0)65 32/9 54 00 29
E-Mail: info@markusmolitor.com
www.markusmolitor.com
Öffnungszeiten:
Mo.–Fr. 9–18 Uhr, Sa., So. und an
Feiertagen nach Vereinbarung

traurig dazu – starke trockene Weine sind eine persönliche Vorliebe.

Daraus ergab sich eine ziemliche Ausdehnung der feinherben Abteilung seines Sortiments. Bereits der feinherbe Standardwein namens Alte Reben – Mosel ist von sattem Aprikosen- und Mandarinenduft geprägt, voll und cremig, aber

nicht breit oder schwer. Die feinherben Spät- und Auslesen haben ähnlich viel Power und durch den (für die Mittelmosel) hohen Gerbstoffgehalt oft eine auffällig markige, aber keinesfalls unangenehme Konsistenz, die von der Maischestandzeit der Trauben vor der Kelterung herrührt. Gelegentlich macht ein ausgeprägter Botrytiston die üppige Fruchtaromatik der Weine exotischer und noch dominanter, aber sie sind immer stark und originell. Allein die Weine, die keine 11,5 Volumenprozent Alkohol bei der Gärung bilden, driften in ein geschmackliches Niemandsland zwischen herb und süß ab.

Molitors Spät- und Auslesen mit voller natürlicher Süße fallen ebenfalls nicht gerade zimperlich aus. Die gelungensten Weine darunter stammen fast immer aus der Zeltinger

Während der langen Krisenzeit des Moselweinbaus wollten viele Moselwinzer die Schönheit ihres Gebiets nicht wahrnehmen. Jetzt freuen sie sich endlich über solche Blicke.

Sonnenuhr, wo er gut fünf Hektar besitzt; ein volles Drittel der kleinen Lage. Diese Weine sind dicht und sehr fruchtbetont, manchmal sogar explosiv saftig, und die enorme Kraft wird von satter Traubensüße getragen. Wer an der Mosel unverhohlene Opulenz sucht, findet sie hier!

Als Molitor Ende der 1980er-Jahre diesen Stil aufgriff, tanzte er mächtig aus der Reihe. Durch den allgemeinen Trend hin zu üppigeren Weinen an der Mittelmosel stellt er heute nur noch die Spitze einer recht verbreiteten Stilrichtung.

Es könnte unfair erscheinen, die edelsüßen Beerenauslesen und Trockenbeerenauslesen von Molitor zu kommentieren, die vieler anderer Weingüter jedoch nicht. Das hat aber einen berechtigten Grund: Bei den meisten Erzeugern stellen die edelsüßen Weine eine verdichtete Fortsetzung der besten Auslesen dar. Die erzeugten Mengen liegen jedoch um einen Faktor zwischen 20 und 100 unter denen der Auslesen. Im Weingut Markus Molitor hingegen wird während der Lese ein immenser Aufwand betrieben, um jedes Jahr so viele geschrumpfte Botrytis-Beeren wie möglich zu selektio-

Nomen est omen gilt für die Weine der Spitzenlage Ürziger Würzgarten. Aufgrund des an der Mosel sehr seltenen Rotliegenden-Bodens und des günstigen Kleinklimas schmecken sie tatsächlich extrem würzig.

nieren. Bei 38 Hektar Weinbergsbesitz kommt da eine Menge zusammen; aus dem Jahrgang 2005 etwa gibt es zwölf verschiedene Trockenbeerenauslesen! Die edelsüßen Weine aus dem »Hausberg«, dem Wehlener Klosterberg, wo Molitor 6,4 Hektar sein Eigen nennt, stechen durch ihre pikante Frische heraus, vor allem gegenüber den enorm kompakten Weinen aus der Zeltinger Sonnenuhr mit ihren immens konzentrierten Trockenfruchtaromen.

Die zahlreichen Prädikate, Geschmacksrichtungen, Jahrgänge und Lagen (Molitor hat Besitz in 20 verschiedenen Lagen) plus Rotwein führt zu einer immensen Vielfalt. Auf der aktuellen Endverbraucher-Preisliste stehen über 200 Positionen! Damit ist die traditionelle Situation an der Mittelmosel auf die Spitze getrieben.

Eigentlich müsste Ürzig, der nächste Ort flussabwärts am linken Moselufer, was Wein betrifft, ganz vorn stehen, und nicht nur, weil die Moseltradition hier genauso tiefe Wurzeln hat wie die Reben, die dort wachsen. Mit seiner besonderen Geologie, nämlich Rotliegendem, hat Ürzig etwas Besonderes, fast Einmaliges zu bieten. Die kesselartige Topographie des besten Teils der Lage Würzgarten mit Ostsüdost- bis Südwestausrichtung sorgt für hohe Reife, auch in Jahren mit schwieriger Witterung, und in den nicht flurbereinigten Weinbergen gibt es eine ganze Menge alter Reben. Doch trotz der vielen imposanten Gutshäuser hinken Leistung und Anerkennung des Ürziger Weins deutlich hinter dem anderorts flussaufwärts her.

Hans-Leo Christoffel vom WEINGUT JOH. JOS. CHRISTOFFEL ERBEN ist einer der wenigen Ürziger, der bereits vor langer Zeit konsequent auf Qualität setzte und seine eigene Vorstellungen verwirklichte. Seine äußerst feinduftigen und filigranen Weine mit natürlicher Traubensüße stellten in den letzten 25 Jahren eindeutig die Spitze im Ort dar und gehörten sogar zur Gebietsspitze. Inzwischen ist Christoffel allerdings 70, und die Zukunft des Guts, das 2001 an das Weingut Mönchhof in Ürzig verpachtet wurde, ist ungewiss.

Die Probleme bei manchen anderen Ürziger Weingütern sind schwankende Qualität und eine Neigung zu vordergründiger Süße. Es ist auch ein sehr konservativer Ort, wo wenig gewagt oder experimentiert wird; kein Wunder, dass

Rotliegend, Rotliegendes
Ältester, ca. 280 Mio. Jahre alter Zeitabschnitt des Perm und danach benannte rötlich gefärbte Sedimentgesteine aus dieser Zeit. Oft irrtümlich roter Schiefer genannt.

Weingut
Joh. Jos. Christoffel Erben
Mönchhof
D-54539 Ürzig
Tel. +49 (0)65 32/9 31 64
Fax +49 (0)65 32/9 31 66
E-Mail: moenchhof.eymael@
t-online.de
www.moenchhof.de
Öffnungszeiten:
Mo.–Fr. 9–17 Uhr, Sa. und So.
nach Vereinbarung

Weingut Andreas Schmitges
Im Unterdorf 12
D-54492 Erden
Tel. +49 (0)65 32/27 43
Fax +49 (0)65 32/39 34
E-Mail: info@schmitges-weine.de
www.schmitges-weine.de
Öffnungszeiten: täglich 17–20 Uhr
und nach Vereinbarung

Weingut Meulenhof
Zur Kapelle 8
D-54492 Erden
Tel. +49 (0)65 32/22 67
Fax +49 (0)65 32/15 52
E-Mail: meulenhof@web.de
www.meulenhof.de
(noch in Bearbeitung)
Öffnungszeiten:
nach Vereinbarung

Weingut Fritz Haag
Dusemonder Hof
D-54472 Brauneberg
Tel. +49 (0)65 34/4 10
Fax +49 (0)65 34/13 47
E-Mail: info@weingut-fritz-haag.de
www.weingut-fritz-haag.de
Öffnungszeiten:
nach Vereinbarung

ein Ortsfremder hier die Fahne hochhält. Der berühmteste Erzeuger von Ürziger Weinen ist eindeutig das Weingut Dr. Loosen in Bernkastel (siehe oben). In Erden auf dem gegenüberliegenden Moselufer gab es die letzte Zeit deutlich mehr Bewegung. Hier ist das WEINGUT ANDREAS SCHMITGES seit Mitte der 1990er-Jahre der aufsteigende Stern. Seine trockenen Rieslinge sind immer blitzsauber und ansprechend saftig. An der Spitze stehen die feinherbe Spätlese und die üppige edelsüße Auslese aus der Lage Erdener Prälat. Schon Ende der 1980er-Jahre fiel Stefan Justen vom WEINGUT MEULENHOF mit seinen saftigen, großzügigen Spätlesen und Auslesen aus dem Erdener Treppchen auf und auch heute überzeugt ihre stimmige Balance.

Moselaufwärts von Bernkastel sieht die Weinlandschaft seit langem wesentlich dynamischer aus. Dort spielt seit Ende der 1960er-Jahre die Familie Haag eine zentrale Rolle. Als sich die Mosel in ihrer letzten Krise befand, wagte Wilhelm Haag vom WEINGUT FRITZ HAAG in Brauneberg, der allgemeinen Tendenz zum kosteneffektiv erzeugten und genormten Weingetränk zu trotzen, und baute mit den Jahrgängen ’69, ’71, ’75, ’76, ’79, ’83 und ’85 in kleinen Schritten seinen Ruf als einer der besten Erzeuger des gesamten Gebiets auf. Das kann man als gewagte Innovation sehen, ist aber auch als Rückkehr des Brauneberger Weins zur früherer Qualität und Ruhm zu verstehen. Von der napoleonischen Klassifizierung des Weinanbaugebiets von 1804 bis zur Zeit von Theodor Fontane galten Brauneberger Weine nämlich als unangefochtene Gebietsspitze. Haags damalige Spät- und Auslesen waren extrem rassige Weine mit nicht weniger Charakterstärke als Feinheit, von delikater Süße gestützt. Ihnen kam während der Krisenzeiten an der Mosel eine wichtige Signalwirkung zu. Für Insider waren sie ein Beweis für die verkannte Größe der Moselweine, für eine ganze Reihe Aufsteiger in den letzten zwei Jahrzehnten wichtiges Vorbild.

Der Brauneberg bildet eine große Ausnahme unter den Spitzenlagen der Mittelmosel. Er ist ein alleinstehender Berg am linken Moselufer; an die steilen Weinberge schließen weder die Eifel noch der Hunsrück an. Kein großes Waldstück im Rücken – wie bei vielen anderen Spitzenlagen der Fall – dient hier als Wasserspeicher. Den Kern dieses mächtigen, fast zwei Kilometer breiten Steilhangs zwischen Moselufer und der Sonnenuhr bildet die Lage Brauneberger Juffer-Sonnenuhr, die von der Lage Brauneberger Juffer umrahmt wird. Die Weine dieser Lagen glänzen besonders in Jahren mit nassem Sommer, weil die flachgründigen Schieferverwitterungsböden schnell austrocknen. Sehr heiße Sommer wie etwa 2003 bekommen ihnen nicht, denn dann leiden die Reben schnell unter Trockenstress.

Durch die in den 1990er-Jahren durchgeführte Flurbereinigung ist Haags Besitz von 125 kleinen auf sieben große Parzellen konzentriert worden, was eine bedeutende Arbeitserleichterung, aber auch einige Probleme mit sich brachte. Im Zuge der Neugestaltung mussten die meisten Weinberge neu gepflanzt werden. Junge Reben sind aber auf Grund ihres flachen Wurzelwerks sehr empfindlich gegenüber Trockenheit; wegen der Besonderheit der Lage wirkte sich dies besonders stark aus. Während dieser Zeit hat Wilhelm Haag den Stil seiner Weine gleichzeitig noch weiter in Richtung Eleganz getrieben. Seine Rieslinge ab dem Jahrgang 1988 sind in puncto Schliff und Feinheit kaum zu übertreffen, manche Kabinettweine und Spätlesen fielen auf Grund der jungen Reben und gelegentlich auch durch Trockenstress indessen sehr zart aus.

Die Moselaner sind genauso eigenständig und eigenwillig wie ihre Heimat.

Mit dem Jahrgang 2005 vollzog sich bei Haag ein großer Wechsel, der paradoxerweise Kontinuität bedeutet: Die ersten von Wilhelm Haags jüngstem Sohn Oliver vinifizierten Weine, denen ihr junger Erzeuger nicht im geringsten anzumerken ist. Sie schmecken, als seien sie aus dem gleichen Stoff und vom gleichen Schneider wie die 2004er. Nach wie vor sind es die feinherben und natürlich süßen Rieslinge, die brillieren, und sie sind jetzt auch wieder ganz auf der Höhe. Ihre Stärke liegt eindeutig in der feinnuancierten Duftigkeit, der filigranen Rasse und der strahlenden Klarheit. Sie sind sehr hell und leicht grünlich in der Farbe. Die Aromen sind fast immer sehr subtil – weißer Pfirsich und Vanilleschote sind häufig zu finden; erst ab den Auslesen mit Goldkapsel kommt die Edelfäule deutlich ins Spiel und bringt exotische Fruchtnoten mit sich. Nach wie vor wird bei den Auslesen jedes Fass für sich getrennt gefüllt und zeigt seine eigenen Noten, obwohl sie alle aus der Juffer-Sonnenuhr stammen. Die Beerenauslesen und Trockenbeerenauslesen aus der gleichen Lage setzen diese Linie erstaunlich geradlinig fort. Statt ins Opulente zu gehen, bestechen sie durch Brillanz in Aroma und feinstes Spiel.

Bei den trockenen Weinen hat sich wenig verändert. Der sehr schlanke, säurebetonte Stil hat eine eingeschworene Fangemeinde, aber auf Weinfreunde, die an moderne Weine aus deutschsprachigen Gebieten gewöhnt sind, wirken sie schwerverständlich oder gar abweisend. Oliver Haags 2005er Spätlese trocken aus der Juffer-Sonnenuhr stellt einen ersten vorsichtigen Schritt in Richtung zu mehr Reife und sanfterer Säure dar, aber wie weit lässt sich das hier treiben? Wilhelm Haag sagt: »Du kannst machen, was du willst, aus dem Brauneberg ist kein schwerer Wein zu machen.« Das ist echtes Terroir, aber vielleicht ein Terroir, das nicht optimal für trockene Weine geeignet ist.

Es gibt auch andere Haags an der Mosel. Einer davon ist Wilhelm Haags ältester Sohn Thomas, der das WEIN-GUT SCHLOSS LIESER in Lieser führt, wo er nach und nach einen eigenen Weinstil entwickelt hat. Ein wichtiger Faktor dabei sind die sehr niedrigen Erträge, die den trockenen und feinherben Weinen Reife und Kraft verleihen. Seit 2002 erzeugt Thomas Haag auch Weine aus den Lagen Juffer und Juffer-Sonnenuhr, die im Vergleich zu denen seines Vaters, und jetzt seines Bruders einladend wirken. Wie Thomas Haag die in Vergessenheit geratene Lieser Spitzenlage Niederberg-Helden zu neuem Leben erweckte, ist aber noch viel interessanter.

Das sehr pompöse Schloss Lieser wurde 1884–87 durch den Freiherrn von Schorlemer aus Unmengen von Schiefer (was sonst?) gebaut. 1904 folgten die beeindruckenden, aber nicht überladen wirkenden Wirtschaftsgebäude, in denen das Weingut untergebracht ist. Bis in die 1970er-Jahre gehörte es zu den angesehensten Weingütern der Mittelmosel, doch dann sackte die Weinqualität ab, das Gut wurde verkauft, und der Ruf war schnell ruiniert. Als Thomas Haag hier 1992 als Verwalter tätig wurde (ab 1997 auch als Besitzer), wusste kaum noch jemand, was die Weine aus dieser Lage auszeichnete. Die exzellenten Jahrgänge '93, '94 und '95 ermöglichten ihm nicht nur, den Ruf des Betriebs allmählich wieder aufzubauen, sondern auch ein Gespür für diese Lage und ihre Weine zu entwickeln. Inzwi-

Weingut Schloss Lieser
Am Markt 1–5
D-54470 Lieser
Tel. +49 (0)65 31/64 31
Fax +49 (0)65 31/10 68
E-Mail: info@weingut-schloss-lieser.de
www.weingut-schloss-lieser.de
Öffnungszeiten:
nach Vereinbarung

schen ist ein ganz klares Bild entstanden. Bedingt durch die tiefgründigen Schieferböden mit recht hohem Feinerde-Anteil sind Haags Rieslinge aus der Lage Niederberg-Helden Jahr für Jahr deutlich fester, kerniger und erdiger als seine Weine aus dem Brauneberg. Der Kontrast ist bei den erstklassigen rassigen Spätlesen mit natürlicher Restsüße genauso auffällig wie bei den sensationellen edelsüßen Auslesen. Wie so oft an der Mosel wäre dieser Aufsteiger bekannter, wenn er mehr Wein hätte, denn trotz 8,5 Hektar Weinbergen führen die niedrigen Erträge und zahlreichen Abfüllungen zu kleinen Auflagen pro Wein. Durch die hohe Qualität und die moderaten Preise gibt es einen großen internationalen Abnehmerkreis, und die Weine sind schnell ausverkauft.

In diesem Abschnitt der Mittelmosel gibt es viele Winzer, die kein großes Aufheben um ihre guten Weine machen. Marcus Haag vom WEINGUT WILLI HAAG in Brauneberg gehört zu ihnen. Seine Weine haben in den letzten Jahren einen deutlichen Sprung nach vorn getan, unter anderem durch den vorsichtigen Einsatz von natürlichen Hefen bzw. die Spontangärung. Die Stärke des Betriebs lag immer bei den edelsüßen Auslesen aus dem Brauneberg, aber inzwischen zeigen auch viele der kleinen Weine ähnliche Saftigkeit und Lebendigkeit.

Noch weniger bekannt im deutschsprachigen Raum sind Dr. Dirk Richter und sein WEINGUT MAX FERD. RICHTER in Mühlheim. Das liegt vor allem daran, dass das Gut seit der Gründung im Jahr 1680 stark exportorientiert ist. In den USA und Fernost kennt man die Richter-Weine. Die Exportmärkte in den Anfangszeiten lagen zumindest für damalige Verhältnisse ebenfalls weit entfernt, nämlich in den Niederlanden. Richter ist die Geschichte seiner Familie und ihres Weingutes auf Schritt und Tritt präsent, weil der imposante Gutskomplex aus Schieferbauten (wieder!) ein lebendiges Museum darstellt. So liegt beispielsweise die komplette Geschäftskorrespondenz seit 1880 vor, zahlreiche Fotos im Probierzimmer dokumentieren Feierlichkeiten aus der Wilhelminischen Zeit, als Berlin der Hauptexportmarkt war. Die goldene Zeit des Braunebergers wird zudem auf jeder Flasche Richter-Brauneberger durch ein historisches Etikett aus dem Jahr 1802 dokumentiert; damals war die Abfül-

Weingut Willi Haag
Burgfriedenspfad 5
D-54472 Brauneberg
Tel. +49 (0)65 34/4 50
Fax +49 (0)65 34/6 89
E-Mail: info@willi-haag.de
www.willi-haag.de
Öffnungszeiten:
nach Vereinbarung

Weingut Max Ferd. Richter
Hauptstraße 85
D-54486 Mühlheim
Tel. +49 (0)65 34/93 30 03
Fax +49 (0)65 34/12 11
E-Mail: drichter@maxferdrichter.com
www.maxferdrichter.com
Öffnungszeiten:
Mo.–Fr. 8–12 und 13–16.30 Uhr
und nach Vereinbarung

Spontangärung (»Sponti«) vs. Vergärung mit Reinzuchthefe

Spontangärung	Vergärung mit Reinzuchthefe
Bis die Wissenschaftler anfingen, homogene Hefen (Reinzuchthefe) aus der Umwelt des Weins zu selektionieren und weiter zu züchten (inzwischen sind sie mit der Genmanipulation beschäftigt!), sind alle Weine spontan, also mit der natürlichen Hefe, vergoren worden. Tausende von Jahren hat das so funktioniert. Die Zuchthefen sind eine unnötige und grobe Manipulation des Weins und der hefige »Sponti-Ton« die Handschrift der Natur.	Die natürlichen Gärhefen – die eigentlich im Keller leben und kaum im Weinberg zu finden sind – sind keine von Gott gegebenen, stabilen und verlässlichen Gebilde, sondern unterliegen unvorhersehbaren Veränderungen. Heutzutage ist es an der Mosel wesentlich schwieriger, die Weine mit Spontangärung trocken durchzugären, als vor 20 Jahren. Wer zuverlässig trockene Weine erzeugen will, ist fast gezwungen, mit Zuchthefen zu arbeiten.
Im direkten Vergleich mit den ganzen modischen Hefen, die den Wein oft entstellen, sorgt eine gelungene Spontangärung für die Erhaltung des gewachsenen Weincharakters und bei vorsichtiger Kellerwirtschaft auch für ein langes Leben. Das funktioniert besonders gut und oft an der Mosel, wo die betonte natürliche Säure niedrige pH-Werte bedingt, die die Weine weitgehend vor Unheil schützen.	Natur ist nicht zwangsläufig heilbringend; Krebs ist auch Teil der Natur. Wer einmal einen spontanvergorenen Wein erlebt hat, der nicht gelungen ist, weiß um die Schäden, die eine ungünstige natürliche Hefe anrichten kann, allen voran Mercaptan-Stinker (Geruch nach verbrannten Gummireifen), Essigstich und noch Schlimmeres. Dagegen ist eine Zuchthefe, die die Aromatik des Weins nicht verzerrt, sondern für einen sauberen Gärverlauf sorgt, ein Segen für Winzer und Weinfreund.

Fuder
Traditionelles 1000-Liter-Holzfass mit rundem Spiegel für Weißweine an Mosel, Saar und Ruwer seit der Römerzeit. Es handelt sich um die ersten Holzfässer für Wein überhaupt.

lung auf Flaschen sehr selten und ein Zeichen für besondere Qualität und damit hohe Preise.

Kein Wunder, dass die Brauneberger-Weine im Gutssortiment einen besonderen Platz einnehmen und ein klein wenig wie Weine aus jener Zeit wirken. Dirk Richter vinifiziert die meisten seiner Rieslinge im traditionellen Fuderholzfass, ist aber kein Nostalgiker altmodischer Kellerwirtschaft. Die besondere Prägung der Weine – sie wirken zugleich elegant und weinig, grazil, aber auch gewichtig – ist nicht einfach durch alte Kellermethoden zu erklären. Aus dem 1,5 Hektar umfassenden Besitz in der Juffer-Sonnenuhr und einen Hektar in der Juffer werden jedes Jahr auch ein oder zwei trockene Weine erzeugt, die neben der reifen Säure stets einen gewissen Schmelz besitzen.

Der Schwerpunkt des Richter-Sortiments liegt jedoch bei den Weinen mit natürlicher Süße. Die Spät- und Auslesen aus dem Brauneberg fallen oft fein und nachhaltig aus, sind aber nie offensichtlich genug, um reichlich Punkte und Preise zu holen. Zusammen mit den Richter-Weinen aus dem Graacher Domprobst – ein weiterer Höhepunkt des breitgefächerten Lagenportfolios – sind sie Langläufer, die oft erst Jahre nach der Abfüllung ihre wahre Größe zeigen. Das stört Richter nicht im Geringsten, weil er andere Weine anzubieten hat, wie die Kabinett und Spätlesen aus der Wehlener Sonnenuhr, die bereits als junge Weine dem Trinker einen wahren Blumenstrauß überreichen.

Der andere Besitz, der Richter sehr am Herzen liegt, ist der Veldenzer Elisenberg, ein Hang mit westlicher Ausrichtung in einer ehemaligen Moselschleife. Laut alten Lagenklassifizierungen stehen diese 1,8 Hektar Reben in einer guten, aber kleinklimatisch nicht optimalen Situation. Trotzdem waren die Elisenberger vor 100 Jahren, als die Lage mit Riesling und Traminer bestockt war und die Weine Cuvées aus diesen Sorten waren, gesuchte Spezialitäten. Die gegenwärtigen reinen Rieslinge zeigen allerdings eine ganz eigene Art, sind sogar einmalig im Gebiet. Die Duftnoten reichen von Stachelbeeren und Maracuja bis Pfeffer, und die pikante Säure macht sie in Verbindung mit der natürlichen Süße enorm spannend. Im richtigen Jahrgang wie 2005 entstehen hier extrem ausdrucksvolle Weine.

Die Bezeichnung »Jungwinzer« scheint manchmal wie eine Garantie für Medienaufmerksamkeit, aber auch unter ihnen gibt es bis dato unentdeckte Vertreter wie Mona Bastgen und ihren Mann Armin Vogel, einen gebürtigen Franken, vom WEINGUT BASTGEN in Monzel. Das Gut liegt oberhalb des Braunebergs und des angrenzenden Paulinshofbergs von Kesten in einem für die Mosel untypischen modernen Gebäude (auch aus Stein, aber nicht Schiefer!) mit weitem Blick übers Tal – ebenfalls Mosel-untypisch. Außer der intensiven Handarbeit im Weinberg ist auch die Vorstellung vom Wein hier eine ganz andere als unten im engen Tal. Im Weingut Bastgen sind alle Weine tatsächlich durch und durch weinig. Die außergewöhnlichen Rieslinge beginnen mit zwei echten Leichtweinen, dem trockenen Kabinett Blauschiefer und dem feinherben Kabinett Goldmund (erstmals 2005). Sie sind strahlend und frisch und beweisen genau dort, wo ganz hinten im Mund viele andere herbe Leichtweine zu spitz wirken, eine erstaunliche Harmonie.

Diese Stilistik findet ihr Pendant bei den Rieslingen aus dem Kestener Paulinshofberg mit natürlicher Traubensüße. Bei ihnen bleibt die Süße immer gerade unter der Schwelle

Weingut Bastgen
Hofstraße 18
D-54518 Monzel
Tel. +49 (0)65 35/93 30 92
Fax +49 (0)65 35/15 79
E-Mail: info@weingut-bastgen.de
www.weingut-bastgen.de
Öffnungszeiten:
nach Vereinbarung

Weingut A. J. Adam
Brückenstraße 51
D-54347 Neumagen-Dhron
Tel. +49 (0)65 07/21 15
Fax +49 (0)65 07/70 28 65
E-Mail: dhronhofberger@gmx.de
www.aj-adam.com
Öffnungszeiten:
nach Vereinbarung

der Vordergründigkeit, die Fruchtnoten sind sehr reif, aber nie laut, und es gibt immer einen ausgeprägt mineralischen Nachklang. Für sich getrunken mag dies nicht besonders auffallen, aber im direkten Vergleich zu Spät- und Auslesen der etablierten Spitzenerzeuger wirken diese Weine deutlich herb und markant im Charakter, als kämen sie von einem anderen Stern.

Mindestens genauso außergewöhnlich ist ein anderer wichtiger Jungwinzer in dieser Ecke: Andreas Adam vom WEINGUT A. J. ADAM in Drhon. Drhon war ein weißer Fleck auf der Weinkarte der Mosel, bis Adam 2000 begann, in minimalen Mengen seine ersten Weine zu vinifizieren.

»Eine Jux-Idee«, nennt er es heute, aber ganz so aus der Luft gegriffen war sie wohl nicht. Adams Großvater pflegte bis 1983 vier Hektar Weinberge und füllte die besten Weine selber ab. Jetzt hat Andreas Adam 2,2 Hektar steile Weinberge im besten Teil des Hofbergs, der am rechten Moselufer an der Mündung der Drhon in den Hauptfluss liegt, und verarbeitet die Trauben im Keller des Großvaters.

»Mit einem oder zwei Hektar kann man die ganze Arbeit quasi selber machen«, sagt er und meint damit auch, dass er exakt nach der eigenen Vorstellung arbeiten kann. Das zeigen Adams Weine, allen voran die dichte, schmelzige Spätlese feinherb mit ihrem Duft nach reifen Zitronen und Blüten. Der kleinste Wein ist der Riesling Kabinett, der eher wie eine kleine Spätlese mit verhaltener Süße schmeckt. Dagegen ist die süße Spätlese deutlich konzentrierter mit zarter Cremigkeit und sehr nachhaltiger Mineralität; die Auslese und die erstmals 2005 erzeugte Beerenauslese sind ähnlich, zeigen aber noch mehr Kraft. Diese charakterstarken Weine sind das Ergebnis von sehr niedrigen Erträgen im Weinberg und konsequentem Purismus im Keller: keine Reinzuchthefe, keine Hefenährstoffe, keine Enzyme.

Um noch stärkere Weine in diesem Abschnitt der Mittelmosel zu finden, muss man nach Piesport fahren, wo sich mit die besten Weinbergslagen des gesamten Tals befinden. Hier fallen die Beweise für den römischen Ursprung des Moselweinbaus am deutlichsten ins Auge. Neben Piesport liegt am Hangfuß ein großes römisches Kelterhaus aus dem dritten Jahrhundert, das während der Flurbereinigung ausgegraben und zum Teil rekonstruiert wurde. Dazu kommen die Zeilen in dem Gedicht »Mosella« des römischen Dichters Ausonius aus dem Jahr 371 nach Christus, die den Blick auf die Piesporter Weinbergslagen, vor allem das heutige Goldtröpfchen, beschreiben. Dieses »Amphitheater von Rebbergen« belegt, wie früh den Römern das besondere Kleinklima dieses Moselschleifen-Kessels beim heutigen Piesport auffiel. Archäologen schätzen, dass es damals hier bereits schon um 50 Hektar Weinberge gab – die ungefähre Größe der Lage Goldtröpfchen.

Ebenfalls sehr früh, 1762, wurde hier auf Initiative von Pastor Johannes Hau der Anbau von Riesling forciert. Das ist 25 Jahre vor dem berühmten »Riesling-Edikt« des Trierer Fürstbischofs Clemens Wenzeslaus, in dem außerdem nur vom Ersatz minderwertiger Rebsorten durch hochklassige die Rede ist.

Die andere Besonderheit von Piesport sind die extrem tiefgründigen Schieferböden mit hohem Feinerde-Anteil, die bestens als Wasserspeicher taugen. Das macht die Weine nicht nur stark, sondern führt sehr häufig zu einer ausgeprägten schwarzen Johannisbeernote ähnlich wie in Graach.

Besser als die Rieslinge vom WEINGUT REINHOLD HAART können Piesporter und Mittelmosel-Weine kaum sein. Theo Haarts Laufbahn begann mit dem Jahrgang 1971, Mitte der 1980er-Jahre wurde er allerdings durch sein weinbaupolitisches Engagement einige Jahre abgelenkt. Wie in Brauneberg hat zudem die Neupflanzung vieler Weinberge im Zuge der Flurbereinigung hier zu etwas schwankender Qualität Mitte der 1990er-Jahre geführt, aber seit der Jahrhundertwende wachsen die Weine in der Qualität wieder über die der allermeisten seiner Kollegen hinaus – und damit sind nicht nur die anderen Piesporter Winzer gemeint!

Bei Haart zeigt das Goldtröpfchen seine wahre Größe. Die herben Weine aus dieser Spitzenlage sind relativ unbekannt, weil sie meistens in sehr kleinen Auflagen erzeugt werden. Dagegen ist die feinherbe Spätlese aus dem Piesporter Kreuzwingert (eine Alleinbesitzlage des Guts) schlanker und verspielter. Es sind aber allesamt Langläufer, die erst ein gutes Jahr nach der Weinlese langsam ihren festen Kern und die straffe Kraft zu zeigen beginnen. Viel leichter zugänglich ist der supersaftige, elegante Gutsriesling namens Haart to Heart im feinherben Stil.

Weingut Reinhold Haart
Ausoniusufer 18
D-54498 Piesport
Tel. +49 (0)65 07/20 15
Fax +49 (0)65 07/59 09
E-Mail: info@haart.de
www.haart.de
Öffnungszeiten:
nach Vereinbarung

Die Mitglieder des Klitzekleinen Rings (KKR) erfinden in klitzekleinstem Rahmen den Moselwein und die Mosel-Weinfreude ganz neu.

Unübersehbar ist die Größe der Riesling-Spätlesen aus den besten Lagen Piesports, die eine solch enorme Aromen- und Mineraliendichte haben, dass ihre natürliche Süße davon in den Hintergrund gedrängt wird. In dieser Kategorie ist das Goldtröpfchen diskussionslos der Platzhirsch; die anderen Weine definieren ihren Charakter im Kontrast zu ihm. Der Duft des Goldtröpfchens ist ein barocker Früchtekorb, dessen Inhalt von Pfirsich bis zu schwarzen Johannisbeeren reicht, über Grapefruit und Maracuja. Haarts Begabung liegt aber gerade darin, diesen Überschwang in eine schlanke Silhouette zu packen, ohne dass das kellerwirtschaftliche Korsett in irgendeiner Weise gezwungen wirkt. Die Weine tragen nie schwer an ihrer hohen Konzentration, sondern haben immer einen wunderbaren Schwung aufgrund der hintergründigen festen Säure. Geschmeidiger und zarter sind die Spätlesen aus der Lage Domherr, wenn auch nicht ganz so vielfältig im Duft; hier dominiert der gelbe Pfirsich bis hin zum langen seidigen Ausklang. Ganz anders dagegen wirken die Spätlesen aus der Lage Grafenberg, deren roter Schieferboden den Weinen komplexe kräutrige Aromen und großartige mineralische Brillanz verleiht.

Ein vollkommen anderer Wein ist die Spätlese aus dem Wintricher Ohligsberg, einer in Vergessenheit geratenen Spitzenlage ein wenig flussabwärts von Piesport. Im Vergleich mit den mächtigen Steilhängen von Piesport sieht diese Lage wenig dramatisch aus, aber auch diese Weine genossen einmal Weltruf. 1991 hat Theo Haart seinen ersten Ohligsberg erzeugt, und die 1993er haben die wahre Größe der Lage gezeigt. Während die besten Teile des mächtigen Piesporter Bergs nach Süden ausgerichtet sind, ist der Ohligsberg mehr nach Westen geneigt, und die Sonne erreicht ihn erst später am Tag. Die Weine sind dadurch fester, kerniger, und in den Händen von Haart kommt dazu eine ungemein mineralische Kraft zum Ausdruck. Gelegentlich wächst im Ohligsberg auch eine Auslese, aber die meisten Auslesen des Guts stammen aus dem Goldtröpfchen. Sie sind von reichhaltiger, oft cremiger Art, jene mit Goldkapsel außerdem enorm konzentriert und nachhaltig. Es sind zweifelsohne Weine mit beachtlicher natürlicher Süße, aber keinesfalls Süßweine.

In Piesport gibt es eine ganze Reihe anderer kleiner Betriebe, die oft gute Rieslinge hervorbringen, allen voran das WEINGUT KURT HAIN, das in den letzten Jahren durch große Beständigkeit auffiel. Von hier stammt der trockene Gutsriesling aus der Lage Falkenberg, dem obersten Drittel des Piesporter Bergs, der eine schöne Zitrusnote, viel Saft und eine gewisse Leichtigkeit trotz (oft) zwölf Volumenprozent Alkohol aufweist. Gernot Hain beherrscht bei den trockenen Weinen die Gratwanderung zwischen genug und zuviel Traubenreife, sodass seine Weine überzeugen, ohne alkoholisch zu wirken. Mit 13,5 Volumenprozent Alkohol sind die 2005er Spätlesen trocken aus Goldtröpfchen und Domherr üppig-exotisch im Duft, extrem saftig und ziemlich mineralisch, kurzum, alles andere als fett oder breit. Noch schwungvoller wirken die feinherben Weine aus dem Goldtröpfchen, wobei die Spätlese feinherb Alte Reben wiederum erstaunliche Eleganz für 13 Volumenprozent Alkohol aufweist. Noch vor wenigen Jahren hätte man solch eine Konstellation im Gebiet für undenkbar gehalten. Diese Weine beweisen außerdem, dass der Einsatz von Reinzuchthefe an der Mittelmosel keinesfalls zwangsläufig zu langweiligen Weinen führt.

Weingut Kurt Hain
Am Domhof 5
D-54498 Piesport
Tel. +49 (0)65 07/24 42
Fax +49 (0)65 07/68 79
E-Mail: weingut-hain@t-online.de
www.weingut-hain.de
Öffnungszeiten:
Mo.–Fr. 9–18 Uhr,
Sa. und So. nach Vereinbarung
Hotel & Gutsausschank
»Piesporter Goldtröpfchen«
Öffnungszeiten:
Mo.–So. 12–21 Uhr

Hains Begeisterung für herbe Rieslingweine wird durch den Absatz im familieneigenen Hotel und Restaurant »Piesporter Goldtröpfchen« gefördert, trotzdem erzeugt er auch eine Reihe von Weinen mit natürlicher Süße. Die Spät- und Auslesen der letzten Jahrgänge sind von imposanter Substanz, bleiben dabei aber verspielt und feinfruchtig. Seit der Jahrhundertwende hat außerdem das Thema edelsüße Weine hier deutlich an Stellenwert gewonnen. Aus 2003 und 2005 gibt es mächtige, aber wunderbar balancierte Trockenbeerenauslesen, und auch bei der Auslese Goldkapseln und den Beerenauslesen ist Saft und Kraft immer mit einer lebendigen Säure gepaart.

Die üppigsten Piesporter-Rieslinge stammen vom WEINGUT REICHSGRAF VON KESSELSTATT und stechen im breiten Sortiment des 38 Hektar großen Guts mit Sitz in Schloss Marienlay an der Ruwer hervor. Das trockene Goldtröpfchen Großes Gewächs ist wuchtig und dicht, in manchen Jahrgängen wie etwa 2003 und 2005 schrammt der Wein gerade so an übermäßiger Cremigkeit vorbei oder hat vielleicht zu viel des Guten. Der Domherr Kabinett feinherb ist ebenfalls ein starker Wein, der mit satt-reifer Bananennote und viel Körper eindeutig die Kabinett-Kategorie sprengt, der Säurefrische gelingt es jedoch, ihn geschmacklich auf der Reihe zu halten.

W enn man von Trittenheim aus über die Mosel auf den unglaublich steilen und felsigen Kern der Lage Apotheke blickt, wird einem sofort klar: Hier müssen großartige Weine wachsen, menschliches Können und Wollen vorausgesetzt. Und tatsächlich herrscht zwischen Piesport und Trittenheim seit Generationen ein Wettstreit um die besten Weine. Bis vor wenigen Jahren hatte Piesport eindeutig bei der Weinqualität die Nase vorn. Jetzt aber meldet sich in Trittenheim eine neue Winzergeneration zu Wort, und die Karten müssen neu gemischt werden.

Angefangen hat das zweifelsohne mit dem steilen Aufstieg Helmut Clüsseraths vom WEINGUT CLÜSSERATH-WEILER. Während der 1990er-Jahre stieg die Qualität seiner Weine, und ein eigener, sehr klarer und fruchtbetonter Stil wurde immer weiter verfeinert. Die Betriebsfläche wurde vorsichtig vergrößert, vor allem 1996 durch den Kauf der Lage Fährfels (gemeinsam mit dem Weingut Clüsserath-Eifel), ei-

**Weingut
Reichsgraf von Kesselstatt**
Schlossgut Marienlay
D-54317 Morscheid
Tel. +49 (0)65 00/9 16 90
Fax +49 (0)65 00/91 69 69
E-Mail: weingut@kesselstatt.de
www.kesselstatt.com
Öffnungszeiten:
nach Vereinbarung

Weingut Clüsserath-Weiler
Haus an der Brücke
D-54349 Trittenheim
Tel. +49 (0)65 07/50 11
Fax +49 (0)65 07/56 05
E-Mail: helmut@cluesserath-weiler.de
www.cluesserath-weiler.de
Öffnungszeiten:
nach Vereinbarung
Gästehaus

ner der bestexponierten Parzellen in der Spitzenlage Trittenheimer Apotheke mit uralten Reben. Der Riesling Fährfels
stellt seitdem die Spitze des ausgedehnten Clüsserath-Wei-
ler-Sortiments herber Weine und zugleich einen großen
Kontrast zu den Piesporter Bomben dar. Es ist ein subtiler

mineralischer Wein mit wunderbarem Spiel zwischen ganz
zarter Süße und filigraner Säurefrische. Nur die feinherbe
Spätlese aus dem Mehringer Zellerberg neigt überhaupt ein
wenig in Richtung vordergründige Kraft, endet aber trotzdem auf einer eleganten Note. Die trockenen Spätlesen Alte
Reben und – noch körperreicher – S aus der Trittenheimer
Apotheke leben stark von den reifen Aromen gelber Pfirsiche. Schon der einfachste trockene Riesling aus der Literfla-
sche ist ein im positiven Sinne fruchtbetonter, robuster
Wein. Selbst wenn ab Hof größtenteils herbe Weine verkauft werden, basiert auch bei den Clüsseraths wie bei sehr
vielen Aufsteigern an der Mosel ein bedeutender Teil ihres
Rufs auf den edelsüßen Weinen. Saftig und rassig, mit direkter, packender Fruchtaromatik sind es sehr ansprechende
Weine, auch im Bereich von Beerenauslese und Trockenbee-

Vier junge Winzerinnen (von links nach rechts) Eva Clüsserath, Alexandra Eifel, Verena Clüsserath und Anne Eifel trinken auf die Zukunft ihres Heimatorts Trittenheim.

renauslese strahlend und konzentriert. Jetzt ist Tochter Verena dabei, in den Betrieb einzusteigen.

Weingut Ansgar Clüsserath
Spielestraße 4
D-54349 Trittenheim
Tel. +49 (0)65 07/22 90
Fax +49 (0)65 07/66 90
E-Mail: weingut@ansgar-
cluesserath.de
Öffnungszeiten:
nach Vereinbarung

Eva Clüsserath hat keinen berühmten Vater, aber in den wenigen Jahren, seit sie im WEINGUT ANSGAR CLÜSSERATH in Trittenheim tätig ist, hat sie den Familienbetrieb und seinen Ruf revolutioniert. Es war eine schrittweise Revolution, die sich vom Abschluss ihres Weinbaustudiums in Geisenheim 2000 bis zum vollkommenen Einstieg in Trittenheim 2004 hinzog. Während dieser Zeit entwickelte sie einen Weinstil, der viel mehr mit der Arbeitsweise von vor 100 Jahren zu tun hat als mit dem, was ihr Vater machte. Maischestandzeit und lange Spontangärung mit kellereigenen Hefen ergeben für die Mittelmosel ungewöhnlich kräftige und ausdrucksstarke trockene Rieslinge, die aber trotzdem die typische Rasse des Gebiets aufweisen. Bereits der Basiswein, der Vom Schiefer Riesling trocken, ist ein Volltreffer mit wesentlich mehr Entwicklungspotenzial als die allermeisten trockenen Gutsrieslinge im Gebiet. Steinreich (seit 2005) hat die Jungwinzerin treffend die zweite Stufe ihres Sortiments genannt; tatsächlich ein sehr mineralischer Wein mit nachhaltigem Schmelz. Die Trittenheimer Apotheke Riesling Auslese trocken *** heißt ab dem Jahrgang 2005 einfach Trittenheimer Apotheke Riesling. Neben Kraft und Dichte hat der Wein in beeindruckender Weise an Eleganz gewonnen. Nicht weniger bewundernswert ist es, wie sie diese Weine in einem kurzen Zeitraum sehr gut am Markt platziert hat, obwohl das nicht ganz vier Hektar umfassende Weingut bis zu ihrem Einstieg so gut wie unbekannt war.

Ihren ureigenen Stil bei den Spätlesen mit natürlicher Süße hat Eva Clüsserath 2001 auf Anhieb gefunden. Schlanke Art und pikante Säurefrische sind hier nicht Selbstzweck, sondern Bühne für den feinen mineralischen Charakter des Weins aus der Lage Apotheke. Das gilt für die Auslesen und die 2005er Beerenauslesen ebenso wie für den eindeutig leichtesten ihrer Weine, den Apotheke Riesling Kabinett mit heiteren Blütennoten und brillanter Frische. Dass sie zwei Stilrichtungen so schnell und so überzeugend gemeistert hat, spricht für ihr großes Talent und stellt sie mit an die Spitze der Jungwinzer des gesamten deutschsprachigen Raums.

Die Konkurrenz diesbezüglich sitzt quasi ums Eck beim WEINGUT BERNHARD EIFEL, heißt Alexandra Eifel und ist noch jünger. Schon 2002 hat Eifel ihren ersten Wein namens Faszination vom blauen Schiefer ausgebaut, aus der Lage Longuicher Maximiner Herrenberg kurz vor der Autobahnbrücke der A1 vor Trier, wo die enge Mittelmosel aufhört. Und dieser Wein ist seinem Namen gewachsen: sein eindringlicher Schieferton fasziniert und bildet einen wunderbaren Gegenpol zur satten Pfirsichfrucht. Auch beim Der Wurzelechte vom roten Schiefer (seit 2003) aus der Lage Schweicher Annaberg in der gleichen Moselecke schmeckt man, dass Alexandra Eifel die guten Weine der Welt kennt und ihre Weine in diesem Kontext sieht. Er ist noch deutlich schmelziger, aber alles andere als wuchtig. Es sind zwei beeindruckende Innovationen, die durchaus trocken schmecken, diese Bezeichnung aber nicht auf dem Etikett tragen. Hinter diesem Konzept steckt nicht nur ein heller Kopf, der bereits mit Anfang Zwanzig wusste, wie man solche Weine erzeugt, sondern auch Fleiß und Durchsetzungsvermögen. Gegen die etablierten Gewächse hat es ihr erster als trocken deklarierter Riesling aus der Trittenheimer Apotheke, der 2005er Alexs ein wenig schwer, weil er deutlich schlanker ist. Aber auch hier ist die filigrane mineralische Art der Apotheke sehr deutlich zu schmecken. Die Weine ihres Vaters, der das Weingut bis jetzt führt, fallen etwas leichter im Ausdruck aus, haben aber oft ein sehr ansprechendes Frucht-Säure-Spiel und sind ausnahmslos blitzsauber.

Auch Anne Eifel vom WEINGUT EIFEL-PFEIFFER ist eine aufstrebende Trittenheimer Winzerin, die dabei ist, ihren Familienbetrieb schrittweise nach vorn zu bringen. Die von ihr vinifizierten herberen Abfüllungen für das Inlandsgeschäft fallen einen ganzen Stich spannender aus als die süßeren Exportversionen, die über den großen Teich gehen. Hier wird sicher einiges in den nächsten Jahren passieren.

Aber es gibt auch ältere, männliche Winzer im Ort – wie vor allem Markus Milz vom WEINGUT MILZ-LAURENTIUSHOF. Der etablierte Spitzenbetrieb durchlebte während der 1990er-Jahre ein moseltypisches Auf und Ab. Erst nach der Jahrhundertwende hat Milz wieder eine Reihe charaktervolle Weine erzeugt. Vor allem die Spät- und Auslesen aus der Alleinbesitzlage Leiterchen (innerhalb der Apotheke) mit

Weingut Bernhard Eifel
Laurentiusstraße 17
D-54349 Trittenheim
Tel. +49 (0)65 07/59 72
Fax +49 (0)65 07/64 60
E-Mail:
info@weingut-bernhard-eifel.de
www.weingut-bernhard-eifel.de
Öffnungszeiten:
täglich 9 – 18 Uhr und nach
Vereinbarung

Weingut Eifel-Pfeiffer
Moselweinstraße 70
D-54349 Trittenheim
Tel. +49 (0)65 07/92 62 15
Fax +49 (0)65 07/92 62 30
E-Mail: info@eifel-pfeiffer.de
www.eifel-pfeiffer.de
Öffnungszeiten:
nach Vereinbarung

Weingut Milz-Laurentiushof
Moselstraße 7–9
D-54349 Trittenheim
Tel. +49 (0)65 07/23 00
Fax +49 (0)65 07/56 50
E-Mail: milz@milz-laurentiushof.com
Öffnungszeiten:
nach Vereinbarung

zarter Süße und ausgeprägten mineralischen Noten können beeindrucken.

Bereits 1991 hat Ernst Clüsserath das WEINGUT ERNST CLÜSSERATH seiner Familie übernommen. Der Schwerpunkt liegt hier seit Jahren und mit auffälliger stilistischer und qualitativer Beständigkeit im halbtrockenen und feinherben Bereich. Es sind straffe, geradlinige Weine, die immer eine individuelle Note besitzen. Auch bei den trockenen Riesling Spätlesen und edelsüßen Auslesen herrschen mit seltenen Ausnahmen sehr stimmige Harmonie und unaufdringlicher Schiefercharakter vor.

Jungwinzer-Gruppen sind nicht ausschließlich ein Phänomen der Gegenwart. Schon 1984 bildete sich, mitten in der Weinskandalzeit, die erste Jungwinzer-Gruppierung der modernen Art in Leiwen. Auf den ersten Blick wirkt Leiwen keinesfalls wie eine berühmte Weinbaugemeinde, ganz entspannt scheinen sich die Weinberge hier über flachem und sanft geneigtem Gelände breit gemacht zu haben. Und genau so ist es! Leiwen war der erste Ort an der Mosel, an dem solche Weinberge ab der frühen 1960er-Jahre entstanden.

Die Geburtsstunde der Leiwener Jungwinzer war wie ein Urschrei, als sich die Generation der unter 35-Jährigen von der Massenproduktion und Wein-Unkultur vieler ihrer Eltern abwandte. Die Jugend im Ort begann, miteinander zu verkosten und dabei ganz offen über ihre Weine zu reden – für damalige Verhältnisse eine Revolution, die jedoch Schule machen sollte! Schnell erlangten sie eine vorher nicht für möglich gehaltene Medienresonanz, wobei Werner Rosch vom WEINGUT JOSEF ROSCH eine große Rolle spielte: 1989 schlug seine 1988er Riesling Spätlese trocken in einer Blindverkostung die trockenen Weine der gesamten etablierten Güter des Gebiets, die Ergebnisse wurden in der Wirtschaftszeitschrift »Capital« abgedruckt, und plötzlich waren die Leiwener Jungwinzer weit über Insiderkreise hinaus bekannt!

Rosch ist seinem recht plakativen Weinstil trotz aller Änderungen in seinem knapp sechs Hektar großen Gut während der Jahre treu geblieben. Bei ihm schmeckt ein kräftiger trockener Riesling immer sehr kräftig und eine süße Spätlese immer betont fruchtig-süß. Durch diese fast übermäßig klare Linie sowie viel Selbstvertrauen und Hartnä-

Weingut Ernst Clüsserath
Moselweinstraße 67
D-54349 Trittenheim
Tel. +49 (0)65 07/26 07
Fax +49 (0)65 07/66 07
E-Mail: info@weingut-ernst-cluesserath.de
www.weingut-ernst-cluesserath.de
Öffnungszeiten:
Mo.–Fr. 9–11.30 und 13.30–18 Uhr, Sa. 9–14 Uhr und nach Vereinbarung

Weingut Josef Rosch
Mühlenstraße 8
D-54340 Leiwen
Tel. +49 (0)65 07/42 30
Fax +49 (0) 65 07/42 30
E-Mail: weingut-josef-rosch@t-online.de
Öffnungszeiten:
nach Vereinbarung

Links:
So entstehen die meisten Beeren- und Trockenbeerenauslesen. Nach einer selektiven Lese im Weinberg werden wie hier im Weingut Reinhold Haart die einzelnen Beeren weiter sortiert.

Weingut Grans-Fassian
Römerstraße 28
D-54340 Leiwen
Tel. +49 (0)65 07/31 70
Fax +49 (0)65 07/81 67
E-Mail: weingut@grans-fassian.de
www.grans-fassian.de
Öffnungszeiten:
täglich 8–11.30 Uhr
und nach Vereinbarung

ckigkeit schaffte er es als erster deutscher No-Name-Jungwinzer, seine Weine in der Spitzengastronomie zu etablieren; wiederum ein bedeutendes Vorbild für die ihm folgenden Jungwinzer.

Dann sorgte ein zweiter Leiwener Jungwinzer, Gerhard Grans vom Weingut Grans-Fassian, für Aufmerksamkeit, als seine Weine aus dem Jahrgang 1990 viele Journalistenpunkte verbuchten und er deutlich an der Preisschraube drehte. Seine Weine waren immer alles andere als entspannt, und ihre nervöse Art sorgt heute ebenso wie bereits vor 20 Jahren für geteilte Meinungen unter Fachleuten und Weinfreunden. Die trockenen Weine fielen in den letzten Jahren noch dazu stilistisch ziemlich heterogen aus; nach runderen, ansprechenden Weinen kurz nach der Jahrhundertwende wirken die heutigen Weine schmal und regelrecht kalt. Bei den süßen Weinen ist viel eher eine durchgängige Linie auszumachen. Sie besitzen mehr Charme und Eigenart, verlangen aber durchaus Geduld, bis sie ihre aromatischen Schätze ausbreiten. Mit den pikant-rassigen Spät- und Auslesen aus der Trittenheimer Apotheke, den mächtigeren und festeren Weinen aus dem Piesporter Goldtröpfchen und den etwas zarteren Weinen aus dem Drhon-Hofberg schafft es Grans gelegentlich in die erste Mittelmosel-Liga für süße Weine. Im großen lokalen Eiswein-Rennen ist Grans oft als Erster, vor der Meute der Leiwener Jungwinzer, über die Ziellinie geschossen. Hier ist fast jeder beim Eiswein-Rennen dabei, weil sich kalte Luft in den Weinbergen um den Ort sammelt und die Arbeit auf dem eher flachen Gelände recht einfach ist.

Auch dem Erhalt traditionsreicher Leiwener Lagen fühlten sich die damaligen Leiwener Jungwinzer verpflichtet, vor allem der steilen und felsigen Leiwener Laurentiuslay, die gegenüber von Leiwen am anderen Moselufer liegt. Diese Spitzenlage war wegen der starken Tendenz zur Massenerzeugung jahrzehntelang metaphorisch in der Versenkung verschwunden: Weinbau war hier zu teuer und aufwendig, auf den kargen Schieferböden Massenerträge selten möglich. Ihr Wiederaufbau ist fraglos ein Gemeinschaftswerk der Jungwinzer-Vereinigung, aber einem Mitglied von ihnen sind in den letzten Jahren besonders viele geniale Rieslinge aus dieser Lage gelungen, Karl-Josef Loewen vom Weingut Carl

LOEWEN. Er und seine Frau Edith betonen, dass dieser langsame stetige Aufstieg seit Anfang der 1990er-Jahre nicht als Einzelphänomen zu sehen ist, sondern als Teil der positiven Gesamtentwicklung im Gebiet: »Die Mosel war mal Jägerschnitzel- und Pommes-Land. Aber das ist sie nicht mehr!«

Der Laurentiuslay Riesling Alte Reben der Loewens ist ebenso Ausdruck dieses großen Wandels an der Mosel wie das Restaurant »Sonora« in Wittlich-Dreis – noch abgelegener vom Weltgeschehen als Leiwen! – mit seinen drei Michelin-Sternen. Es ist ein ungemein feinduftiger – viele zarte Blüten! – und filigraner Wein, der seine beachtliche Kraft und Dichte mühelos versteckt. Die Laurentiuslay Riesling Spätlese ist das Pendant dazu in der natürlich-süßen Richtung, obgleich solche Weine bei Loewens nie vordergründig süß schmecken. Die Traubensüße bleibt immer gerade an der Schwelle der geschmacklichen Wahrnehmung, wo sie sich mit den Fruchtaromen – vor allem weiße Pfirsiche und reife Äpfel – und der seidig-eleganten Säure zu einem dichten Geflecht verbindet. Bei den Auslesen und Beerenauslesen kommen feine exotische Fruchtnoten dazu, und die Traubensüße wird ein wenig deutlicher, um die größere Kraft der Weine auszugleichen. Es sind alles edle Weine, auch wenn das Weingut in keinem prächtigen Gutshaus residiert.

Zu diesem Erscheinungsbild passt aber, dass die Loewens zwei der genialsten Alltagsweine der gesamten Mosel, Saar und Ruwer erzeugen, die noch dazu ein phantastisches Preis-Leistungs-Verhältnis darstellen. Der erste Riesling Varidor wurde mit dem Jahrgang 1998 abgefüllt, ein Wein laut Karl-Josef Loewen »aus Weinbergen, wie sie zu Tausenden an der Mosel zu finden sind«, der den üblichen Rahmen für solche Standardweine aber komplett sprengt. Fast 20 000 Flaschen pro Jahr gibt es von diesem herrlich duftigen, substanzreichen und harmonischen trockenen Riesling. 2004 kam ein feinherber Riesling namens Quant dazu – ein moselfränkisches Wort, das in etwa »stimmig, einfach gut« bedeutet. Der Name passt zum Wein wie die Faust aufs Auge. Er ist nicht ganz so duftig wie Varidor, dafür aber saftiger. Beide Weine besitzen eine tolle Balance, die herzhaftes Essen keineswegs scheut.

Die Loewens engagieren sich außerdem in anderen Gemeinden flussaufwärts. Aus der Lage Detzemer Maximiner Klosterlay kommt Christopher's Wine, ein feinherber Ries

Weingut Carl Loewen
Matthiasstraße 30
D-54340 Leiwen
Tel. +49 (0)65 07/30 94
Fax +49 (0)65 07/80 23 32
E-Mail: mail@weingut-loewen.de
www.weingut-loewen.de
Öffnungszeiten:
Mo.–Fr. nach Vereinbarung,
Sa. 13–16 Uhr

*Nachfolgende Doppelseite:
Die ständige Abwechslung
zwischen heiß und kalt sowie
feucht und trocken verleiht dem
Mosel-Riesling seine besondere
Spannung und Lebendigkeit.*

ling, der nach ihrem jüngeren Sohn benannt ist und eher wie ein straffer, stahliger Saarwein schmeckt als wie ein verspieltes Mittelmosel-Gewächs. Ohne einen Deut schwer zu wirken, füllt er den Mund bis in den letzten Winkel aus. Ganz anders sind die ungemein mineralischen Rieslinge mit natürlicher Süße aus der Lage Thörnicher Ritsch. Sie werden erst ab Spätlese erzeugt und wirken dramatischer und noch einen Stich herber als die vergleichbaren Gewächse aus der Laurentiuslay; hier ist Terroir alles andere als ein opportunistischer Marketingspruch.

Mit dem Jahrgang 2008 kommen neue Spitzenweine ins Programm des Weinguts Carl Loewen. Sie stammen aus einer 1,2 Hektar großen 1896 gepflanzten Parzelle in der Longuicher Maximiner-Herrenberg, die bei der Übernahme des traditionsreichen kleinen Weinguts Carl Schmitt-Wagner in Longuich ins Haus gekommen sind. Neben dem trockenen Riesling »1896 – Maximiner Herrenberg« gibt es auch edelsüße Spätlese- und Auslese-Weine unter gleichem Namen. Karl-Josef Loewens ehrgeiziges Ziel: »Rassige, mineralische Weine von höchste Konzentration.«

Das lässt sich gleichermaßen vom WEINGUT ST. URBANSHOF in Leiwen sagen, wo um die Jahrhundertwende Nik Weis die Führung übernahm und dem Gut schnell zu einem deutlichen Qualitätssprung nach oben verhalf. Um die Produktion von 38 Hektar Rebfläche zu vermarkten, ist er häufig unterwegs, was zu seinem quirligen Wesen passt, diese rasante Entwicklung aber noch erstaunlicher macht. Trotz des großen Besitzes gibt es hier nicht viele Weine im Sortiment mit dem Namen Leiwen auf dem Etikett, die feinherbe Spätlese aus der Laurentiuslay der Wichtigste unter ihnen. Er ist wahrscheinlich der kräftigste Riesling aus dieser Lage überhaupt und wirkt durch die oft sehr lange Spontangärung während des ersten Jahrs nach der Abfüllung noch recht hefig und etwas von einer Mandarinennote dominiert. Aber nach und nach schlägt die aromatische Feinheit und die strahlende Eleganz der Laurentiuslay immer mehr durch. Die in kleinen Mengen erzeugte Laurentiuslay Riesling Spätlese fällt etwas konventioneller aus, mit feinem, nachhaltigem Fruchtsüße-Säure-Spiel. Der Wein stellt trotzdem starke Konkurrenz zu Weis' Spätlese aus dem Piesporter Goldtröpfchen dar, einem richtigen Früchtekorb im Duft, bestechender Cremigkeit und eleganter Säure.

Weingut St. Urbanshof
Urbanusstraße 16
D-54340 Leiwen
Tel. +49 (0)65 07/9 37 70
Fax +49 (0)65 07/93 77 30
E-Mail: info@urbans-hof.com
www.urbans-hof.com
Öffnungszeiten:
Mo.–Fr. 9–17 Uhr, Sa. 9–15 Uhr
nach Vereinbarung, So. und an
Feiertagen geschlossen

Eine ganze Menge Wein aus den Weis'schen Leiwener Weinbergen landet in den beiden St. Urbanshof Gutrieslingen, von denen der ohne die Bezeichnung »trocken« auf dem Etikett ein echter Volltreffer ist. Es ist ein prototypischer un-trockener Mosel-Riesling, bei dem die Traubensüße mit der lebhaften Säure und den strahlenden Fruchtaromen spielt. Und es gibt genug davon für eine weltumspannende Distribution! Neben dem Zeppelin-Wein vom Weingut Max Ferd. Richter in Mühlheim und dem Dr. L. vom Weingut Dr. Loosen in Bernkastel ist dies einer der wichtigsten Weinbotschafter des Gebiets.

Es gibt in Leiwen eine ganze Reihe recht leistungsstarker, kleinerer Weingüter, denen es aber im Vergleich mit den oben beschriebenen Erzeugern an Beständigkeit fehlt. Unter ihnen ragt vor allem das 22 Hektar große WEINGUT HEINZ SCHMITT heraus, dessen Namensgeber um die Jahrhundertwende viele ausdrucksstarke und sehr individuelle Rieslinge präsentierte, vor allem aus den unterschätzten Lagen von Longuich, Neumagen und Schweich. Gerade als dies etwas bekannter wurde, rutschte die Qualität jedoch etwas ab. Es ist immer noch schwierig, den Sprung aus der Leiwener Anonymität hinaus zu schaffen.

Weingut Heinz Schmitt
Stephanusstraße 4
D-54340 Leiwen
Tel. +49 (0)65 07/42 76
Fax +49 (0)65 07/81 61
E-Mail: info@weingut-heinz-schmitt.de
www.weingut-heinz-schmitt.de
Öffnungszeiten:
nach Vereinbarung

Flussaufwärts von hier wird die Luft dünner, wenn man hochwertige Rieslinge sucht, aber im benachbarten Klüsserath ist dem WEINGUT KIRSTEN ein solch großer Sprung auf beeindruckende Weise geglückt. Vor einem Jahrzehnt noch sprach niemand in der internationalen oder inländischen Weinszene von Klüsserath. Dann lernte der junge Klüsserather Winzer Bernhard Kirsten im August 1987 in New York eine gewisse Inge von Geldern aus Cuxhaven kennen. Er war Tourist, sie arbeitete in der Stadt. Aus dieser Begegnung entstand nicht nur eine Ehe, sondern auch einer der innovativsten Betriebe an der Mittelmosel. Von der heute gut acht Hektar umfassenden Rebfläche des Gutes waren damals nur zehn Prozent im Besitz der Familie Kirsten, von den guten Lagen sogar nur fünf Prozent! Es handelt sich somit um einen fast komplett neuen Betrieb. Und um eine Keimzelle der Moselwein-Revolution!

Nur noch wenig ist von dem ehemaligen Betriebsgebäude zu sehen, das durch Um- und Anbau zwischen 1999 und 2001 vollkommen umgestaltet wurde; hier herrscht unver-

Weingut Kirsten
Krainstraße 5
D-54340 Klüsserath
Tel. +49 (0)65 07/9 91 15
Fax +49 (0)65 07/9 91 13
E-Mail: mail@weingut-kirsten.de
www.weingut-kirsten.de
Öffnungszeiten:
täglich nach Vereinbarung, außer So.

Der königliche Riesling

Die wenigsten Rieslingfans – und es gibt eine weltumspannende Fangemeinde für die nach quasi einhelliger Expertenmeinung edelste weiße Traubensorte – wissen, dass es einen 800 Quadratmeter großen Rieslingweinberg in Rüsselsheim am Main gibt. Rüsselsheim? Ist das nicht die Heimat von Opel? Das ist sie, aber auch der Ort, an dem die Rebsorte am 13. März 1435 zum ersten Mal erwähnt wird. Wenig später taucht der Riesling zum ersten Mal an der Mosel auf: 1464 kaufte das Jacobs-Hospital in Trier »1200 Ruessling-Reben«.

Schon ab der Mitte des 18. Jahrhunderts wurde Riesling als ideale Rebsorte für hochwertige Moselweine gefördert, z. B. 1762 vom Piesporter Pastor Johannes Hau. Als die napoleonische Regierung 1804 die erste amtliche Klassifizierungen der Mosel-Weine durchführte, belegten die Gemeinden, in der sich Riesling sich als Hauptsorte durchgesetzt hatte, die ersten Plätze.

Vor der Klimaerwärmung konnte die spätreifende Traube die volle Reife häufig nur dort erreichen, wo besonders günstige klimatische Bedingungen herrschten, bzw. in den mehr oder weniger nach Süden ausgerichteten Steillagen. An der Obermosel, wo Muschelkalkböden dominieren, hat die Rebsorte sich nie besonders wohl gefühlt.

Der Legende nach stammt der Riesling von einer Wildrebe aus den Rheinauen ab, doch das klingt eher wie eine Episode aus der Nibelungensage. Tatsächlich ist Riesling wie so viele andere bekannte und verbreitete Traubensorten eine natürliche Kreuzung, in deren Stammbaum der edle Traminer und der banale Heunisch stehen. Vom Traminer stammt die brillante Duftigkeit, vom Heunisch die ausgeprägte Säurefrische, aber auch die Wüchsigkeit und eine Tendenz zu großzügigen Erträgen. Bei sehr hoher Traubenreife, wie es durch die Klimaerwärmung seit der Jahrtausendwende häufiger der Fall ist, kann der Riesling als Wein etwas Üppiges, Mildes besitzen, das an Trami-

ner erinnert. Bei niedriger Traubenreife schlägt die ruppige, rustikale Heunisch-Seite seines Wesens zum Teil allzu heftig durch.

Die Rieslingrebe ist eine Sonnenwende (Heliotrop), die sich nach der Sonne sehnt, nachts aber ordentlich frische Luft mag. Kühle Nächte ermöglichen die erfolgreiche Erzeugung von elegantem Riesling in recht heißen Klimazonen wie Clare Valley in Südaustralien (wo es tagsüber fast so heiß wie in die Wüste ist!), sind aber gleichzeitig auch eines der Geheimnisse der feinduftigen Weine von Mosel, Saar und Ruwer. Theoretisch sind sie die Referenzzone für Cool Climate Viticulture, Kühlklima-Weinbau, aber wer glaubt, es sei an der Mosel immer kühl und frisch, soll sich im Sommer mittags einmal zwischen die Reben einer Steillage mit südliche Ausrichtung stellen – er wird feststellen, wie *hot cool* sein kann!

Die geschmackliche Spannung des Rieslings entsteht aus diesem ausgeprägten Temperaturwechsel, und seine aromatischen Reize entfalten sich durch die lange, langsame Reifung der Traube am Stock. Riesling kann recht mächtig ausfallen, wie meistens an der Terrassenmosel, oder sehr schlank, wle es an Saar und Ruwer – abhängig von den Wachstumsbedingungen. Den Wein prägen außerdem die kleinsten Unterschiede in der Bewirtschaftung der Weinberge, bei der Lese und Verarbeitung von Trauben, Most und Jungwein. Zusammen machen diese Faktoren die wahre Faszination dieser Rebsorte aus: Die geschmackliche Vielfalt des Rieslings ist schier unendlich!

Und: Gute Rieslinge sind unendlich lange trinkbar. Dass das Ansehen dieser Sorte weltweit steigt, gründet auf dieser Vielfalt, aber resultiert auch aus dem allgemeinen Aufschwung in den deutschen Weinanbaugebieten. Und nirgendwo fiel diese Entwicklung beeindruckender aus als an der Mosel und ihren Nebenflüssen.

hohlen die moderne Stahl- und Glasbauweise des 21. Jahrhunderts. Auch die Weine des Gutes gehören eindeutig in unser Jahrhundert. Sie sind voluminös und dicht, ihre Ausdrucksstärke ist auffällig und selbstbewusst; jeder der vorwiegend trockenen Rieslinge gibt ein großes Statement ab. Das Extreme – niedrige Erträge, strenge Selektion der Trauben, langer Ausbau mit Spontangärung und daraus resultierende eigenartige Kraft – wird konsequent gesucht, das Spiel wird mit Freude bis zum Äußersten getrieben. Dass die Lage Klüsserather Brüderschaft unbekannt war und der Betrieb auf keine lange Tradition zurückblickte, hat dem jungen Paar Gestaltungsraum gegeben. Zudem empfanden die beiden das Fehlen von Vorbildern unmittelbar vor der Haustür als Freiheit – eine Ausgangssituation, die in Wehlen völlig gegensätzlich gewesen wäre.

Die Hierarchie der Kirsten-Rieslinge fängt mit dem Riesling trocken ohne Lagenbezeichnung an und bewegt sich über das Herzstück trocken (aus dem besten Teil der Brüderschaft) hin zum Alte Reben, gleichermaßen trocken ausgebaut, aber ohne die Geschmacksrichtung auf dem Etikett (in manchen Jahrgängen hat er knapp zuviel unvergorene Süße, um weingesetzlich als trocken durchzugehen). Mit jeder Stufe steigt die Geschmackskonzentration erheblich; unter den trockenen Mittelmosel-Rieslingen ist der Alte Reben diesbezüglich unübertroffen. Die Säure ist immer präsent und stützt den recht substanziellen Körper des Weins, ist aber nie pointiert oder vordergründig. Die Aromatik erinnert stark an vollreife gelbe Pfirsiche, gelegentlich auch Mandarine und Ananas. Etwas schlanker und würziger fällt der trockene Riesling aus der Laurentiuslay aus, aus der Verlängerung der Leiwener Lage in der Gemarkung Köwerich. Dazu kommt seit 2005 ein graziler, aber sehr mineralischer Riesling aus der – wiederum unbekannten – Lage Pölicher Held. Eine zarte, leichte Ausnahme bildet der Wolkentanz.

Auch werden einige Besonderheiten ausgebaut, wie etwa zwei der besten Weißburgunder im Gebiet, der leichtere klar und fruchtbetont – Birne und reife Zitrone –, der kräftigere, reichhaltigere mit Barriqueausbau und feiner Toastnote. Eisbeer heißt ein Riesling, der als Cuvée aus Eiswein und Beerenauslese konzipiert ist und ebenfalls in der Barrique ausgebaut wird. Geschmacklich liegt er zwischen edelsüßem Moselriesling und alkoholbetonterem, weichem, cre-

Weißburgunder
Auch Pinot blanc, Pinot bianco genannt und aus dem Pinot noir mutierte, im Anbau anspruchsvolle, weiße Rebsorte. An der Mosel ist die Rebsorte erst etwa 100 Jahre heimisch. Weißburgunder war während der 1980er- und 1990er-Jahre Mode an der Saar, ist aber fast wieder verschwunden.

Eiswein
Edelsüßer Wein, der aus dem hochkonzentrierten Most von Trauben gewonnen wird, die in natürlich gefrorenem Zustand gekeltert werden.

migem Sauternes; sehr gelungen und einmalig. Nicht weniger revolutionär fallen die Sekte aus, die zu ähnlich freundlichen Preisen wie die trockenen Rieslinge angeboten werden, mit denen sie auch geschmacklich eng verwandt sind. Das Spitzenprodukt, der Heldensekt Riesling Brut schmeckt so konzentriert und mineralisch wie der Stillwein aus derselben Lage – Pölicher Held –, aber in diesem Fall mit feiner Kohlensäure verbunden. Auch der reguläre Riesling Brut und der roséfarbige Pinot Brut zeigen neben Frucht, Frische und Kohlensäure wunderbaren zarten Schmelz.

Inzwischen lassen eine ganze Reihe anderer Mosel-Weingüter ihre Weine bei den Kirstens in Klüsserath versekten, unter ihnen das kleine WEINGUT GESCHWISTER KÖWERICH in Köwerich, das von Markus Regnery geführt wird. Sein Riesling Brut ist kräftiger und saftiger als der Kirsten-Held, aber von gleichermaßen überzeugender Harmonie. Regnery war einer der ersten Mosel-Jungwinzer, der Anfang der 1990er-Jahre Erfahrung in Übersee sammelte, genauer gesagt in Südafrika. Vor allem sein trockener Sauvignon blanc aus Flachlagen mit kiesigen Böden zeigt, dass mit der richtigen Herangehensweise die Mosel zu radikal anderen Weinen fähig ist, jenseits der Welt des Riesling. Auch der trockene Pinot blanc orientiert sich an Übersee-Chardonnays ohne ausgeprägte Eichennote, sodass die nicht deutsche Bezeichnung passt. Regnerys trockene Rieslinge bleiben dahinter etwas zurück, sind aber durchgängig blitzsaubere, geradlinige Weine, die ihre Herkunft nicht verleugnen.

Beim Stichwort unkonventionelle Moselweine stellt sich ein großes Fragezeichen in puncto Rotwein. Rotweinanbau gibt es hier seit römischer Zeit, Anfang des 20. Jahrhunderts war er aber verschwunden. Erst Anfang der 1980er-Jahre wurde er wieder aufgenommen. Beim Rotwein gibt es drei Richtungen, wovon die erste wohl kaum eine detaillierte Beschreibung verdient: im Weinberg auf maximale Menge getrimmter Dornfelder, dünn, sauer und ruppig – aber dunkelfarbig. Die zweite Richtung steht dieser diametral entgegen. Spätburgunder aus Weinbergen, in denen das Ziel der Bewirtschaftung maximale Geschmacksdichte und festes Gerbstoffgerüst heißt. Auf diesem Gebiet bewegt sich Markus Molitor in Zeltingen. Seine Spätburgunder-Rotweine sind zweifelsohne eine beeindruckende Leistung, aber manchmal ziemlich gerbstofflastig. Wie viel man davon auf einmal trin-

---

Weingut Geschwister Köwerich
Beethovenstraße 27
D-54340 Köwerich
Tel. +49 (0)65 07/37 38
Fax +49 (0)65 07/81 08
E-Mail: regnery@weingut-geschwister-koewerich.de
www.weingut-geschwister-koewerich.de
Öffnungszeiten:
nach Vereinbarung

Dornfelder
Deutsche rote Rebsortenzüchtung aus den 1950er-Jahren. Eine Modesorte, die ihren Zenit bereits überschritten hat.

Spätburgunder, Blauer
Rote französische Rebsorte Pinot noir. Seit Jahrhunderten in Deutschland zu Hause, aber erst seit einer Generation an der Mosel.

ken kann und ob Mosel-Rotweine für bis zu knapp 50 Euro pro Flasche konkurrenzfähige Produkte sind, wenn es grandiose Pfälzer Spätburgunder für einen Bruchteil davon gibt, ist die Frage. Unabhängig davon überzeugen Molitors 2004er Spätburgunder mit zwei und drei Sternchen aus dem Brauneberger Klostergarten durch Dichte und geschliffene Fülle. Über die dritte Richtung, fruchtbetonte Rotweine mit zartem Gerbstoff, wird im Kapitel Saar, Ruwer und Trier die Rede sein.

D as ungenutzte Potenzial einer ganzen Reihe von Mittelmosel-Spitzenlagen hat bereits vielen Jungwinzern und junggebliebenen Winzern als Trittbrett zum Erfolg gedient, ist aber bei weitem noch nicht ausgeschöpft. Immer noch gibt es Ecken im engen Tal, wo Ungeahntes zu entdecken ist; wo kleine Betriebe mangels Nachfolger aufhören und somit eine besondere Profilierung möglich ist. Solch eine Ecke ist der Bereich der Mittelmosel um Traben-Trarbach; heute der dynamischste Teil des Gebiets. Hier hat ein junger Quereinsteiger aus der Schweiz namens DANIEL VOLLENWEIDER kurz nach der Jahrhundertwende für den entscheidenden Impuls gesorgt. Er stammt aus Graubünden und wirkt eher wie ein junger Designer oder Software-Entwickler als ein Winzer. Von Hause aus hatte er nichts mit Weinbau zu tun, jedoch in Wädenswil ein Weinbaustudium abgeschlossen und dann in Neuseeland bei Georg Fromm und an der Mosel bei Dr. Loosen gearbeitet.

Daniel Vollenweider
Wolfer Weg 53
D-56841 Traben-Trarbach
Tel. +49 (0)65 41/81 44 33
Fax +49 (0)65 41/81 67 73
E-Mail:
mail@weingut-vollenweider.de
www.weingut-vollenweider.de
Öffnungszeiten:
nach Vereinbarung
Verkauf über den Fachhandel

2000 wagte Vollenweider den äußerst riskanten Schritt, mit geborgtem Geld 1,4 Hektar in der unbekannten Spitzenlage Wolfer Goldgrube zu kaufen. Seine erste Lese hätte als Jahrgang nicht schwieriger sein können, doch das schmälerte seine Begeisterung für den Steillagenweinbau nicht im Geringsten, und seit den Jahrgängen ab 2002 ist jeder Wein ein Volltreffer. Die stilistische Inspiration der Dr. Loosen-Weine der 1990er-Jahre sowie der J.-J.-Prüm-Weine ist unverkennbar – Aromareichtum und elegante Verspieltheit –, trotzdem zeigen Vollenweiders Weine ganz eigene, terroirbedingte Noten. Das ist am deutlichsten bei den mit Einzelparzellen-Namen vermarkteten Riesling Spätlesen. Der Portz, der auf leichtem und extrem steinigem Boden wächst, fällt immer durch eine ausgeprägte Kräuternote und schlanke Art auf, wohingegen der Reiler von wesentlich tonhaltigerem Boden viel

Die Mosel von Zeltingen bis Pünderich

■ WEINANBAU ■ WALD ■ STÄDTE & DÖRFER

Weinlagen

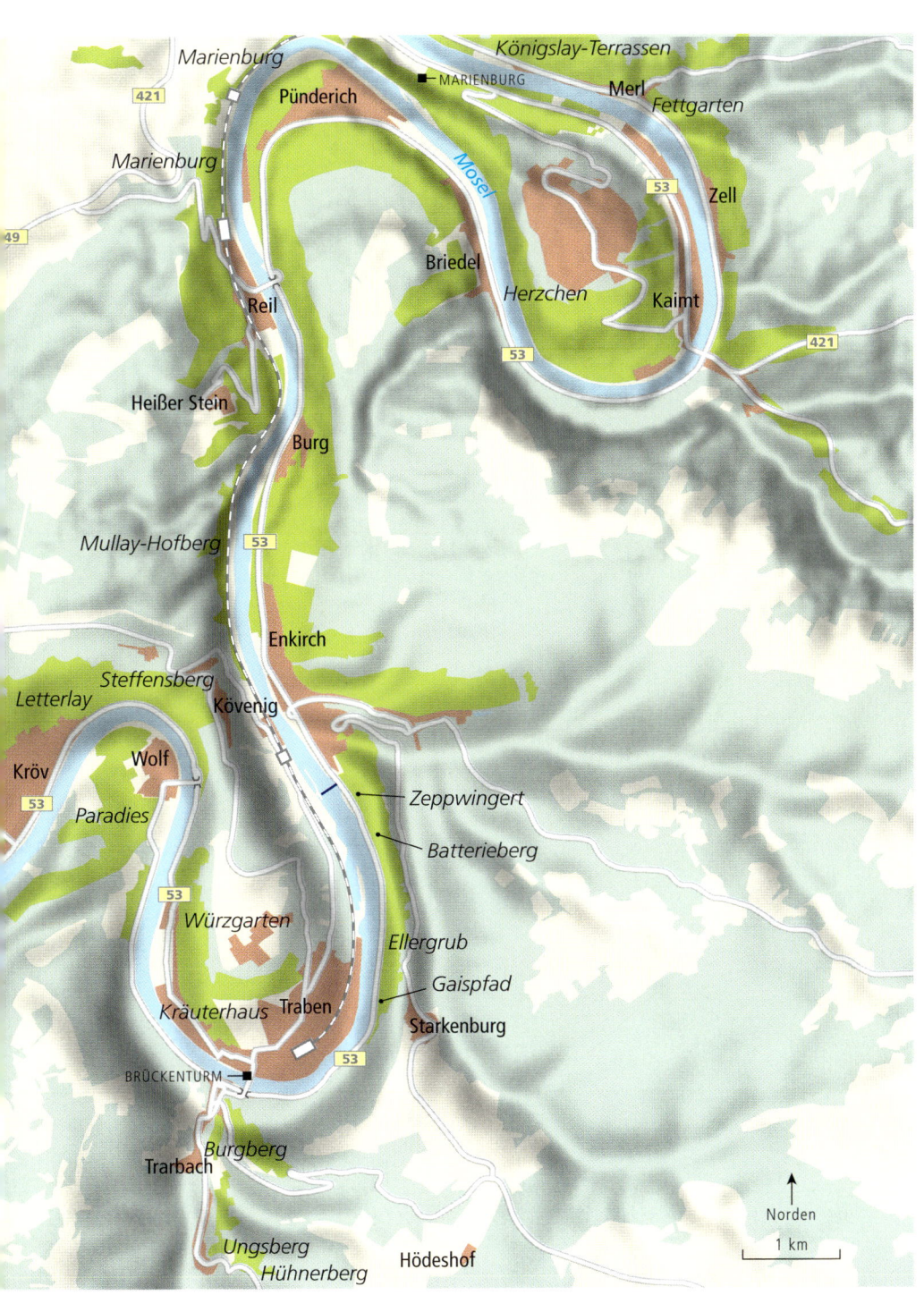

Marienburg

421

Marienburg

49

Pünderich

Königslay-Terrassen

MARIENBURG

Merl

Fettgarten

Mosel

53

Zell

Briedel

Herzchen

Kaimt

53

421

Reil

Heißer Stein

Burg

Mullay-Hofberg

53

Enkirch

Steffensberg

Letterlay

Kövenig

Kröv

Wolf

53

Paradies

Zeppwingert

Batterieberg

53

Würzgarten

Ellergrub

Gaispfad

Kräuterhaus

Traben

Starkenburg

BRÜCKENTURM

53

Burgberg

Trarbach

Ungsberg

Hühnerberg

Hödeshof

Norden

1 km

üppiger und cremiger wirkt, ohne jedoch im Geringsten in die Breite zu gehen. Ebenfalls äußerst charaktervoll und ähnlich dicht ist die Spätlese feinherb, die vom Typus in etwa zwischen Portz und Reiler liegt. Mit seinen extrem konzentrierten und brillanten 2005er Auslesen und der Beerenauslese hat Vollenweider es geschafft, der etablierten Gebietsspitze im Bereich des edelsüßen Weins Paroli zu bieten.

Ähnlich schnell ist es ihm gelungen, eine weltumspannende Distribution für seine Weine auf die Beine zu stellen und das Privatkundengeschäft einem Händler in Traben-Trarbach zu übertragen. 2005 feierte er außerdem den Einzug in ein großes heruntergekommenes Schieferhaus in Traben-Trarbach und erwarb einen wichtigen neuen Weinberg, die 0,5-Hektar-Parzelle Schimbock in der Lage Trabener Würzgarten, deren Weine er unter diesem Namen als eigenständige Linie vermarktet. Die Schimbock-Reben wachsen zwischen Felsen und dem Moselufer in der geschütztesten Ecke derselben Moselschleife wie die Goldgrube. Die Situation erinnert stark an den Erdener Prälat, jedoch ist der Schiefer hier grau statt rot wie in Erden. Die Parzelle wurde 1967 nach altmodischer Art – keine Klone und wurzelecht – angelegt und lieferte im ersten Vollenweider-Jahrgang drei sehr beeindruckende Weine, die viel geschmeidiger und würziger als die Goldgrube-Weine schmecken. Hier ist das Hauptvorbild Heymann-Löwenstein an der Terrassenmosel; Vollenweider möchte allerdings noch weiter in die »altmodische« Richtung gehen.

Irgendwie passt diese Entwicklung zur Jugendstil-Metropole Traben-Trarbach mit ihren verträumten Villen, Hotels und Weinkellereien. Zahlreiche Aufsteiger haben hier klein angefangen (und sind es oft geblieben). Zu jenen, die solch eine neue Mosel-Herrlichkeit erfolgreich gewagt haben, gehört Martin Müllen, der 1991 sein WEINGUT MARTIN MÜLLEN in Traben-Trarbach gründete. Hier gab es besonders in den letzten Jahren eine sehr dynamische Entwicklung. 1998 kauften Martin Müllen und seine Frau Susanne ein Haus mit großem Keller, in dem die Weine seit 1999 bewusst altmodisch mit Korbkelter und Fuderholzfässern ausgebaut werden. 2000 gab es die ersten Weine aus dem Trarbacher Hühnerberg, einer weiteren vergessenen Spitzenlage, die extrem steil ist und versteckt im Kautenbachtal südlich

Klon

Durch vegetative Vermehrung entstandene, genetisch identische Nachkommenschaft eines einzelnen Individuums, auch einer Rebe. Das Klonen der Rebstöcke gibt es schon seit Generationen.

Wurzelecht

Seit der Reblausplage sind die allermeisten Reben »Pfopfreben«, die auf reblausresistenten »Unterlagen« bzw. Wurzeln wachsen. In einigen Bodentypen wie der Devonschiefer-Verwitterung an der Mosel fühlt sich die Reblaus aber nicht wohl. Aus diesem Grund sind recht große Flächen mit ungepfropften »wurzelechten« Reben bestockt, die auf ihren eigenen Wurzeln wachsen.

Weingut Martin Müllen
Alte Marktstraße 2
D-56841 Traben-Trarbach
Tel. +49 (0)65 41/94 70
Fax +49 (0)65 41/81 35 37
E-Mail: info@muellen.de
www.weingut-muellen.de
Öffnungszeiten:
nach Vereinbarung

der Mosel liegt. Die größte Aktion, um verwilderte Flächen für die Neupflanzung freizuräumen, fand im Winter 2002 statt. »Wochenlang war ich mit der Motorsäge unterwegs«, erzählt der Winzer-Fanatiker, der inzwischen volle zwei Hektar in der Lage bewirtschaftet, wo nur noch drei Hektar überhaupt im Anbau stehen.

Wenn man die höchst originellen trockenen und natürlich-süßen Rieslinge des Guts kostet, kann es keinen Zweifel daran geben, dass sich die enorme Aufbauarbeit der Müllens gelohnt hat. Trotz ihrer überzeugenden Harmonie sind diese Weine jedoch nichts für harmoniesüchtige Menschen, die im Glas schön Poliertes oder gar Kuscheliges suchen. Nie werden diese Weine im Keller abgeschliffen oder gar glatt gebügelt. Unter den Rieslingen aus Müllens drei Kröver Lagen, von denen viele trocken ausgebaut werden, fallen die aus dem Steffensberg mit rotem Schieferboden am geschmeidigsten aus. Wesentlich kräftiger, mit recht betonter Säure und zart erdiger Note, wirken die Weine aus der Letterlay, währenddessen die Weine aus dem Paradies offen, duftig und zugänglich sind; der Name passt!

Die trockenen Weine aus dem Hühnerberg sind wesentlich pikanter in der Säure, besitzen ausgeprägte Blütennoten (Lilien und Hyazinthen!) und mehr als genug Substanz als Gegengewicht, brauchen jedoch viel Zeit, um ihre Reichtümer zu offenbaren. Bei den Hühnerberg-Weinen mit natürlicher Süße kommt der besondere Charakter des Bergs noch unmittelbarer zum Ausdruck, während die fruchtigen Komponenten stets an aromatische, säuerliche Früchte wie Stachelbeeren und Maracuja erinnern. Die Säure lässt auch die dichteste Auslese schlank und strahlend erscheinen. Manche von Müllens anderen süßen Spätlesen und Auslesen wirken im direkten Vergleich mit diesen quicklebendigen Rieslingen ein klein wenig schwerfällig, im Gebietskontext sind sie jedoch charaktervoll und nie plump oder übermäßig süß. Ein besonderer Wein in dieser Abteilung des Sortiments ist die Spätlese aus der Parzelle Jippi im Kröver Paradies, die stets durch konzentrierte Würze und große Nachhaltigkeit hervorsticht. Wie bei den anderen Müllen-Weinen machen sich im Glas die zurückhaltenden Mengenerträge und viel Feinarbeit im Weinberg sehr deutlich bemerkbar.

Bei der Traben-Trarbacher Weinrevolution spielte eine

Kleine, nicht entwickelte Trauben an den Geiztrieben, die sich erst im Laufe des Sommers herausbilden und in der Regel nicht bis zur Ernte reif werden, nennt man Geiztrauben.

dritte Figur eine Hauptrolle: Thorsten Melsheimer vom WEINGUT MELSHEIMER im benachbarten Reil. Nach neun Jahren aktiver Beschäftigung mit dem Thema Volleyball und dem Weinbaustudium in Geisenheim kehrte Melsheimer 1994 zurück ins Familienweingut. In einer Zeit, als dies nicht annähernd die heutige Akzeptanz hatte, entschied er sich für den ökologischen Weinbau. Mit seiner roten Bandana, schwarzen Lederhosen und bunten Hemden fällt er auch unter den Mosel-Jung- und Ökowinzern deutlich aus dem Rahmen. Zusammen mit seiner extrovertierten Art und flotten Sprüchen brachte ihm das sehr viel Aufmerksamkeit, und er behauptete sich als Moselaner mühelos neben den coolen Jungwinzern aus Rheinhessen und der Pfalz.

Auch wenn die Entwicklung seiner Weine keine dramatischen Sprünge machte, haben sie in den letzten Jahren zweifellos an Format gewonnen. Jetzt kann man in der steilen Südostlage Mullay-Hofberg von Reil ein Stück Mosel-Zukunft erkennen. Diese traditionell als mittelprächtig geltende Lage profitiert deutlich von der globalen Erwärmung, und das ist mit ein Grund, warum Melsheimer es sehr aufregend findet, hier Wein zu erzeugen und die Grenzen des Möglichen immer wieder neu zu ergründen. Seine besten Mullay-Hofberg-Weine haben die Mosel tatsächlich um eine neue geschmackliche Facette bereichert. Sie ist in den trockenen Rieslingen am klarsten zu erkennen, die von einer an reife Zitrone erinnernden Note und pikanter Rasse geprägt sind und auch bei 13,5 Volumenprozent natürlichem Alkohol noch schlank wirken. Schon der Gutsriesling, dessen Trauben zu etwa der Hälfte aus dem Mullay-Hofberg stammen, zeigt diese Charakteristika, noch deutlicher sind sie in trockenem Qualitätswein und trockener Spätlese mit Lagenbezeichnung zu spüren. Die zweite trockene Spätlese aus der nach Süden ausgerichteten Parzelle Kellerchen im Mullay-Hofberg treibt es mit Ananas- und Grapefruitnoten und herrlicher Säurebrillanz regelrecht auf die Spitze. Auch die Mullay-Hofberg Spätlese mit natürlicher Traubensüße aus der Parzelle Schäf ist ein eigenständiger Wein, sehr schlank, aber mit viel mineralischer Kraft und nachhaltiger Frische. Noch extremer ist die edelsüße Auslese aus der Parzelle Langeberg mit ausgeprägter Zitronenmelissenote; die enorme Säure verleiht ihr Spannkraft und lässt sie viel edler als nur süß schmecken. Beerenauslese und Trockenbeeren-

Weingut Melsheimer
Dorfstraße 21
D-56861 Reil
Tel. +49 (0)65 42/24 22
Fax +49 (0)65 42/12 65
E-Mail: Thorsten.Melsheimer@
t-online.de
www.melsheimer-riesling.de
Öffnungszeiten:
nach Vereinbarung
Frühstückspension

Links:
Martin Müllen aus
Traben-Trarbach ist kein
Nostalgiker. Er arbeitet mit
dieser alten Korbkelter, weil
er fest davon überzeugt ist, dass
sie ihm einen besseren
Most liefert.

auslese aus der Lage treiben den Säurewahnsinn im positiven Sinn regelrecht auf die Spitze.

Vollenweider, Müllen, Melsheimer und Clemens Busch in der angrenzenden Terrassenmosel haben gezeigt, dass es an der Mosel auch anders geht. Diese sehr heterogenen Vorbilder haben eine Schar von Kleinwinzern, Nebenerwerbswinzern und ehrgeizigen Hobbywinzern in ihrem Qualitätsstreben motiviert, auch wenn ihre jeweiligen Rebflächen nach konventioneller Ansicht zu klein sind, um ernsthaft in dem großen Weinspiel mitzuspielen. 2005 hat sich aus diesem nebulösen Gebilde der »Klitzekleine Ring« (KKR) herauskristallisiert, dessen Name ein bewusst ironisches Spiel mit den Namen der zwei etablierten Weingüter-Vereinigungen im Gebiet darstellt: dem »Großen Ring« der VDP-Mitglieder sowie dem »Bernkasteler Ring« oder »Kleinen Ring«.

Erklärtes Gruppenziel ist es, neuen Aufsteigern in und um Traben-Trarbach eine Präsentationsbühne zu bieten und dem Rückgang der Rebfläche in den Steillagen entgegenzuwirken. Bisher fanden nur wenige Veranstaltungen statt, deren Wirkung jedoch vollkommen überproportional ausfiel. Es gibt schon einen richtigen KKR-Kult!

Aus den Mitgliedern sticht das WEINGUT WEISER von Konstantin Weiser heraus. Mit 1,8 Hektar in der Lage Enkircher Ellergrub ist es ein 2005 quasi nach dem Muster von Vollenweider gegründetes Weingut. Weiser ist Ex-Kellermeister des Weinguts Immich-Batterieberg in Enkirch. Zuvor hat er für renommierte Betriebe wie das Weingut Messmer in Burrweiler/Pfalz, Weingut Josef Leitz in Rüdesheim/Rheingau und Milton Vineyard in Gisbourne/Neuseeland gearbeitet. Seine sechs 2005er Rieslinge, vor allem Kabinett, Spätlese und Auslese mit natürlicher Süße, sind sehr expressive, saftige Weine mit feinen Fruchtaromen und nachhaltiger Kraft. Seit Anfang 2007 besitzen Weiser und seine Lebensgefährtin Alexandra Künstler eine große Parzelle in der Lage Trarbacher Gaispfad und eine kleinere im Enkircher Zeppwingert. Ab diesem Jahrgang liegt der Fokus des jetzt 3 Hektar großen Betriebs auf Riesling Spätlesen mit natürlicher Restsüße aus diesen in Vergessenheit geratenen, aber erstklassigen Steillagen. Zeitgleich dazu fand ein Umzug des Kellers aus den gemieteten Räumen in einen al-

Weingut Weiser/Künstler
Wilhelmstraße 11
D-56841 Traben-Trarbach
Tel. + 49 (0)65 41/81 99 43
Fax + 49 (0)65 41/81 33 80
E-Mail: weingut@weiser-kuenstler.de
www.weiser-kuenstler.de
Öffnungszeiten:
nach Vereinbarung

ten Gewölbekeller statt und der Betriebsname ändert sich in: WEINGUT WEISER-KÜNSTLER.

Dagegen ist KKR-Mitglied Olaf Schneiders WEINGUT O. in Traben-Trarbach mit 0,6 Hektar Reben in den Lagen Trarbacher Kräuterhaus und Trabener Ungsberg eine ganze Dimension kleiner, und der Autodidakt-Winzer arbeitet noch als Radio- und Fernsehtechniker. Die etablierten Winzer des Gebiets lachen (noch) über solche Gebilde, die etablierten Weinmedien nehmen sie (noch) nicht ernst. Sie passen in keine der vorhandenen Schubladen, und im deutschsprachigen Raum ist es (noch) undenkbar, einen Weltkonzern in einer Garage zu gründen. Aber Schneiders fünf Rieslinge, die typischerweise von Spätlese feinherb bis Beerenauslese reichen, sind kräftig und mit feinen Kräuter- und Schiefernoten ausgestattet.

Um den Gravitationspunkt KKR sammeln sich zunehmend Hobbywinzer, entweder Einheimische, die eine kleine Fläche besitzen, aber nicht Mitglied der Winzergenossenschaft sein wollen, oder Menschen, die vor Jahren oder gar Jahrzehnten eine der Straßen aus dem Tal heraus eingeschlagen haben und jetzt ihre ehemalige Heimat neu entdecken. Sie bilden den Gegenpol zu den historischen Weingütern und Kulturdenkmälern wie dem Weingut Joh. Jos. Prüm in Wehlen, wollen aber ebenfalls Qualität erzeugen und den Geschmack des engen, eigensinnigen Tals so stark wie nur möglich herausstellen.

Weingut O.
Wilhelmstraße 15
D-56841 Traben-Trarbach
Tel. +49 (0)65 41/52 01
E-Mail: schneider.pollmann@
t-online.de
www.weingut-o.de
Öffnungszeiten:
nach Vereinbarung

Mittelmosel in Zahlen

	1905	1979	2005	Trend
Gesamtrebfläche	3111 ha	7368 ha	5904 ha	↘
Weiße Rebsorten insgesamt	100 % = 3111 ha	100 % = 7368 ha	90,8 % = 5361 ha	↘
Riesling	95 % = 2960 ha	61,7 % = 4545 ha	61 % = 3602 ha	⇨
Elbling	5 % = 150 ha	–	–	⇨
Weißburgunder	–	0,01 % = 1 ha	2 % = 116 ha	⇧
Grauburgunder	–	0,1 % = 1 ha	0,4 % = 23 ha	⇧ ⇧
Müller-Thurgau	–	26,2 % = 1930 ha	18 % = 1063 ha	⇩
Kerner	–	4,2 % = 308 ha	6 % = 354 ha	⇩ ⇩
Bacchus	–	2,3 % = 172 ha	1,3 % = 74 ha	⇩
Optima	–	1,75 % = 129 ha	0,4 % = 21 ha	⇩ ⇩
Sonstige	–	3,8 % = 411 ha	1,7 % = 108 ha	⇩
Rote Rebsorten insgesamt	–	–	9,2 % = 543 ha	⬈
Spätburgunder	–	–	3,8 % = 222 ha	⬈
Dornfelder	–	–	4,1 % = 229 ha	⬈
Sonstige			1,4 % = 82 ha	⇧

Quellen: Die Zahlen für 1979 und 2005 stammen von dem Statistischen Landesamt Rheinland-Pfalz in Bad Ems.
Die Zahl für die Gesamtrebflächen von 1905 ist auf Basis des Preußischen Katasteramts berechnet worden.

WEITERE
EMPFOHLENE
WEINGÜTER

Weingut C. H. Berres
Würzgartenstraße 41
D-54539 Ürzig
Tel. +49 (0)65 32/25 13
Fax +49 (0)65 32/44 42
E-Mail: info@berres.de
www.berres.de
Öffnungszeiten: Mo.–So. 8–13
und 14–18 Uhr

Weingut Jos. Christoffel jr.
Moselufer 1–3
D-54539 Ürzig
Tel. +49 (0)65 32/21 13
Fax +49 (0)65 32/10 50
Öffnungszeiten: nach Vereinbarung
Karl-Josef Christoffel ist ein selbst-
bewusster Traditionalist, dessen
Hauptaufmerksamkeit den Rieslin-
gen mit natürlicher Süße gilt. Hier
findet man eine große Auswahl an
gereiften Auslesen aus den Spitzen-
lagen Ürziger Würzgarten, Erdener
Prälat und Wehlener Sonnenuhr.

Weingut Karl Erbes
Moselufer 27–29
D-54539 Ürzig
Tel. +49 (0)65 32/21 23
Fax +49 (0)65 32/95 37 36
E-Mail: info@weingut-
karlerbes.com
www.weingut-karlerbes.com
Öffnungszeiten: nach Vereinbarung
Viel Saft, Körper, Aroma und Schliff
besitzen Stefan Erbes Rieslinge aus
dem Ürziger Würzgarten. Neben
den durchgängig ansprechenden
Weinen mit betonter natürlicher
Süße sind auch die feinherben
Gewächse sehr gelungen, außer-
dem erzeugt er beeindruckende
Beeren- und Trockenbeeren-
auslesen.

Weingut Greszta
Robert-Schumann-Straße 108
D-54536 Kröv
Tel. +49 (0)65 41/81 67 98
Fax +49 (0)65 41/81 33 67
E-Mail: info@weingut-greszta.de
www.weingut-greszta.de
Öffnungszeiten: nach Vereinbarung
Als erster polnischer Moselwinzer
hat Andrzej Greszta 2006 mit einer
winzigen Fläche in der verkannten
Spitzenlage Kröver Steffensberg
angefangen. Klare Weine mit
festem Kern und viel Charakter!

Weingut Jakoby-Mathy
Königstraße 4
D-54538 Kinheim
Tel. +49(0)65 32/38 19
Fax +49 (0)65 32/95 34 43
E-Mail: info@jakobypur.de
www.jakobypur.de
Öffnungszeiten: nach Vereinbarung
Stefan Jakoby, langjähriger Kellermeister bei Weingut Selbach-Oster
in Zeltingen, erzeugt schlanke, filigrane Weine in seinem eigenen
kleinen Weingut. Vor allem strahlen
die edelsüßen Rieslinge, aber auch
die Spätburgunder Rotweine überzeugen.

Weingut Sybille Kuntz
Moselstraße 25
D-54470 Bernkastel-Lieser
Tel. +49 (0)65 31/9 10 00
Fax +49 (0)65 31/9 10 01
E-Mail: weingut@sybillekuntz.de
Internet: www.sybillekuntz.de
Öffnungszeiten: Mo.–Fr. 9–12
und 13–17 Uhr, Sa. nur nach
Vereinbarung
Anfang der 1990er-Jahre bestach
Sybille Kuntz vor allem durch ihr
Marketing, inzwischen können ihre
Weine gut mithalten, vor allem die
kräftigen feinherben Weine, eine
Stilrichtung, für die sie und ihr Mann
Markus Kuntz-Riedlin Pioniere im
Gebiet sind.

Weingut Losen-Bockstanz
Himmeroder Straße 50
D-54516 Wittlich
Tel. +49 (0)65 71/9 52 50
Fax +49 (0)65 71/95 25 10
E-Mail: info@losen-bockstanz.de
www.losen-bockstanz.de
Der Wittlicher Wein hat einen
neuen und starken Verfechter in
Thomas Losen, dessen rassige Ries-
ling Spätlesen mit natürlicher Süße
zeigen, was für ein Potential in den
Steillagen von Wittlich, trotz der
Entfernung zur Mosel, steckt. Auch
der kräftige Spätburgunder Rotwein
und die edelsüßen Gewächse sind
starke Weine.

Weingut Alfred Merkelbach
Brunnenstraße 11
D-54539 Ürzig
Tel. +49 (0)65 32/45 22
Fax +49 (0)65 32/28 89
Öffnungszeiten: nach Vereinbarung
Die Gebrüder Alfred und Rolf Mer-
kelbach sind fast zeitlose Gestalten,
und ihre Weine sind oft genauso
sympathisch wie sie selbst. Die
Preise wirken auch zeitlos!

Weingut Molitor
Am Rosenkreuz 1
D-54518 Minheim
Tel. +49 (0)65 07/99 21 07
Fax +49 (0)65 07/99 21 09
Öffnungszeiten; nach Vereinbarung

Weingut Paul Moog Nachf.
Wildbadstraße 55 / Im Faller 2
D-56841 Traben-Trarbach
Tel. +49 (0)65 41/70 14 23
E-Mail: moogis@arcor.de
Öffnungszeiten: nach Vereinbarung
Hauptberuflich ist Jürgen Moog
Lehrer an der Realschule in Witt-
lich. Daneben bewirtschaftet er
kleine Flächen in mehreren Traben-
Trarbacher Lagen. Gradlinige und
charaktervolle herbe Weine stehen
im Vordergrund.

Weingut Paulinshof
Paulinstraße 14
D-54518 Kesten
Tel. +49 (0)65 35/5 44
Fax +49 (0)65 35/12 67
E-Mail: paulinshof@t-online.de
www.paulinshof.de
Öffnungszeiten: Mo.–Fr. 8–18 Uhr,
Sa. 9–17 Uhr
Christa Jüngling hat schon mit ihren
kräftigen trockenen und feinherben
Rieslingen die Fahne von Kesten
hochgehalten, als selbst Mosel-
weine aus den bekanntesten Lagen
schwierig zu verkaufen waren. Das
Gut hat jedoch eine bedeutende
Alleinbesitzlage, die Brauneberger
Kammer. Inzwischen ist ihr Sohn
Oliver Kellermeister, aber der
Schwerpunkt bleibt am herben
Ende der Geschmacksskala.

Weingut Dr. Pauly-Bergweiler
Gestade 15
D-54470 Bernkastel-Kues
Tel. +49 (0)65 31/30 02
Fax +49 (0)65 31/72 01
E-Mail: info@pauly-bergweiler.com
www.pauly-bergweiler.com
Öffnungszeiten: Mo.–Sa. 10–18
Uhr

Weingut S. A. Prüm
Uferallee 25–26
D-54470 Wehlen
Tel. +49 (0)65 31/31 10
Fax +49 (0)65 31/85 55
E-Mail: info@sapruem.com
www.sapruem.com
Öffnungszeiten: Mo.–Fr. 10–12 und
14–18 Uhr, Sa. 10–16 Uhr
Unter der Führung von Saskia Prüm
erzeugt das Gut weiterhin die
ganze Palette von Moselrieslingen
von leicht und ganz trocken bis
edelsüß. Die filigranen Weine aus
der Wehlener Sonnenuhr und die
etwas festeren Gewächse aus dem
Graacher Domprobst sind die
wichtigsten Weine des Hauses.

**Weingut Rebenhof
(Johannes Schmitz)**
Hüwel 2–3
D-54539 Ürzig
Tel. +49 (0)65 32/45 46
Fax +49 (0)65 32/15 65
E-Mail: genuesse@rebenhof.de
www.rebenhof.de
Öffnungszeiten: nach Vereinbarung
Johannes Schmitz ist einer der
bedeutendsten Aufsteiger an der
Mittelmosel und hat rasant mit
seinen exzellenten trockenen, fein-
herben und edelsüßen Weinen
eine Spitzenerzeugerstellung in
Ürzig erobert. Vor allem die kon-
zentrierten Alte Reben-Abfüllungen
haben Saft, Kraft und komplexe
mineralische Würze; man schmeckt
Schmitz' Perfektionismus und nicht
weniger die niedrigen Erträge, die
seinen Abfüllungen zugrunde liegen.
Am Gipfel des herben Sortiments
steht der enorm ausdrucksstarke
Herzstück. In einem Ort, wo viele
Weine stilistisch wie Überbleibsel
vergangener Jahrzehnte wirken,
gehören alle Erzeugnisse dieses
Guts eindeutig zur Gegenwart.

Weingut F. J. Regnery
Mittelstraße 39
D-54340 Klüsserath
Tel. +49 (0)65 07/40 36
Fax +49 (0)65 07/30 53
E-Mail: mail@weingut-regnery.de
www.weingut-regnery.de
Öffnungszeiten: nach Vereinbarung

Weingut Martin Schömann
Uferallee 50
D-54492 Zeltingen
Tel. +49 (0)65 32/23 47
Fax +49 (0)65 32/10 10
E-Mail: info@schoemann-weine.de
www.schoemann-weine.de
Öffnungszeiten: nach Vereinbarung

Weingut Staffelter Hof
Robert-Schuman-Straße 208
D-54536 Kröv
Tel. +49 (0)65 41/37 08
Fax +49 (0)65 41/39 33
E-Mail: info@staffelter-hof.de
www.staffelter-hof.de
Öffnungszeiten: Mo.–Sa. 9–12
und 14–19 Uhr
Seit Jan Klein hier für den Keller ver-
antwortlich ist, haben die Weine
einen Sprung nach vorn gemacht.
Sämtliche Rieslinge des Hauses
besitzen eine kühle Note und eine
sehr ansprechende Balance. Als
Gegenpol zur ramponierten papp-
süßen Ortsspezialität Kröver Nackt-
arsch erzeugt Jan Klein einen
Knackarsch, der entsprechend
anders schmeckt!

Weingut Steffens-Keß
Moselstraße 63
D-56861 Reil
Tel. +49 (0)65 42/12 46
Fax +49 (0)65 42/13 53
E-Mail: info@steffens-kess.de
www.steffens-kess.de
Öffnungszeiten: nach Vereinbarung
Seit 1982 bewirtschaften Harald
Steffens und Marita Keß das kleine
Gut mit Reiler und Burger Lagen
ökologisch. Die herben Rieslinge
der letzten Jahrgänge sind beson-
ders gelungen.

Weingut Günther Steinmetz

Moselweinstraße 154
D-54472 Brauneberg
Tel. +49 (0)65 34/7 51
Fax +49 (0)65 34/94 09 21
E-Mail: info@weingut-guenther-
steinmetz.de
www.weingut-guenther-stein-
metz.de
Verkauf: Im Handel erhältlich
sowie Export
Der ehrgeizige Stefan Steinmetz ist
vielleicht noch nicht da, wo er hin
will, nämlich unter die anerkannten
Spitzenerzeuger des Gebiets, aber
er erzeugt viele gute trockene und
feinherbe Rieslinge, vor allem den
Alte Reben. Dazu gibt es den
ersten überzeugenden in der
Barrique ausgebauten Schwarzriesling der Gebietsgeschichte, einen
feinduftigen eleganten Rotwein mit
zartem Eichenton!

Weingut Studert-Prüm

Hauptstraße 150
D-54470 Wehlen
Tel. +49 (0)65 31/24 87
Fax +49 (0)65 31/39 20
E-Mail: info@studert-pruem.com
www.studert-pruem.com
Öffnungszeiten: Mo.–18 Uhr, Sa.
10–16 Uhr
Die Brüder Stephan und Gerhard
Studert gehören eher zu den Stillen
im Ort, aber hier findet man viele
saftige Rieslinge mit rassiger Säure,
vor allem die Spätlesen mit natürlicher Süße aus Wehlener Sonnenuhr und Graacher Himmelreich.

Weingut Rita & Rudolf Trossen

Bahnhofstraße 7
D-54538 Kinheim-Kindel
Tel. +49 (0)65 32/27 14
Fax +49 (0)65 32/15 94
E-Mail: trossenwein@web.de
Öffnungszeiten: nach Vereinbarung
Bio-dynamisch ist beim Weinbau
seit einigen Jahren zum Schlagwort
geworden, beinahe zur Mode,
während die Trossens in ihrem
kleinen Gut bio-dynamischen
Weinbau seit 30 Jahren aus Über-
zeugung für den anthroposophi-
schen Weg betreiben. Schon die
Basisweine, der trockene Schiefer-
blume Riesling und der feinherbe
Silber-Mond Riesling, sind feine,
subtile Weine. Der trockene Schie-
ferstern und die Lagenweine
gehören zu den besten in diesem
Abschnitt des Moseltals.

Weingut Wegeler-Deinhard

Martetal 2
D-54470 Bernkastel-Kues
Tel. +49 (0)65 31/24 93
Fax +49 (0)65 31/87 23
E-Mail: info@wegeler.com
www.wegeler.com
Öffnungszeiten: nach Vereinbarung
Norbert Breit ist ein begabter
Winzer, und die besten Weine des
Hauses – die strahlenden, konzen-
trierten edelsüßen Rieslinge aus
dem Bernkasteler Doctor – sind
zweifelsohne sehr beeindruckend.
Dagegen können die Basisweine
ziemlich rustikal ausfallen.

HOTELS UND RESTAURANTS

BESCHEID (Hunsrück)

Restaurant Malerklause
Im Hofecken 2
D-54413 Bescheid (Hunsrück)
Tel. +49 (0)65 09/5 58
Fax +49 (0)65 09/10 82
E-Mail: info@malerklause.de
www.malerklause.de
Öffnungszeiten: Mo. und Di.
Ruhetag, Mi.–Sa. 18.30–24 Uhr,
So. 12–14 und 18.30–24 Uhr
Hans-Georg Lorscheider hat mit
enormem persönlichen Einsatz aus
der Dorfgaststätte Bescheids ein
kleines Gourmet-Restaurant in
sympathisch lockerem Stil gemacht.
Hier ist die Küche extrem lecker,
aber nicht gerade leicht, und die
Weinkarte birgt viele günstige
Schätze. Deshalb ist die Fahrt hoch
von der Mosel in den Hunsrück
wunderbar, aber die Kurverei
zurück ins Tal nach einem ausgedehnten Essen nicht ganz einfach.
Wegen der sehr begrenzten Plätze
unbedingt reservieren!
Preisniveau: €€

BRAUNEBERG

Hotel Brauneberger Hof
Moselweinstraße 133
D-54472 Brauneberg
Tel. +49 (0)65 34/9 39 80
Fax +49 (0)65 34/93 98 55
E-Mail: info@braunbergerhof.de
www.braunebergerhof.de
Ein angenehmes kleines Hotel,
zentral an der Mittelmosel gelegen.
Das Hausweingut firmiert unter
dem Namen des Chefs Martin
Conrad. Sein Schwerpunkt ist der
kräftige herbe Power-Riesling. Hier
hat man keine Angst vor hohen
Alkoholwerten, aber wenn die
Treppe zum Zimmer nahe ist, ist
das kein Problem.
Preisniveau: €€

DREIS (Eifel)

Waldhotel Sonora & Restaurant Sonora
Auf'm Eichfeld
D-54518 Dreis (Eifel)
Tel. +49 (0)65 78/4 06
Fax +49 (0)65 78/74 02
E-Mail: info@hotel-sonora.de
www.hotel-sonora.de
Öffnungszeiten des Restaurants:
Ruhetage Mo. und Di, Mi.–So.
12–14 und 19–24 Uhr
Helmut Thieltges ist seit langem der
beste Koch im Großraum Mosel
und einer der besten Köche des
Landes. Man sollte viel Zeit mitbrin-
gen, um seine raffinierte und
anspruchsvolle Küche richtig zu
genießen. Umso früher man sich
um eine Reservierung kümmert,
desto besser die Chance auf einen
Tisch! Das Hotel im Relais &
Château-Stil könnte nicht ruhiger
liegen, und natürlich hat das alles
seinen Preis.
Preisniveau: €€€

KÖWERICH

Restaurant & Hotel Kunz
Beethovenstraße 14
D-54340 Köwerich
Tel. +49 (0)65 07/80 24 56
Fax +49 (0)65 07/80 24 58
E-Mail: info@restaurantkunz.de
www.restaurantkunz.de
Öffnungszeiten: Fr. 18–22 Uhr, Sa.
und So. 10–14 und 18–22 Uhr
Walter Kunz macht im besten
Sinne des Wortes eine ländliche
Küche, die perfekt zur Landschaft
des Moseltals passt. Die fünf
Zimmer bieten keinen Luxus an,
sind aber günstig und angenehm.
Preisniveau: €

MÜLHEIM

Weinromantikhotel Richtershof & Restaurant Culinarium R
Hauptstraße 81–83
D-54486 Mülheim
Tel.: +49 (0)65 34/94 80
Fax +49 (0)65 34 /94 81 00
E-Mail: info@weinromantikhotel.de
www.weinromantikhotel.de
Öffnungszeiten des Restaurants:
Di. und Mi. Ruhetag, Do.–Sa. und
Mo. 18.30–21.30 Uhr, So. und
an Feiertagen 12–14 und
18.30–21.30 Uhr
Seit der historische Richtershof
renoviert wurde, zählt er zu den
Luxushotels an der Mosel. Das
Restaurant hat einen schönen
Garten und genügt den hohen
Ansprüchen des Hauses.
Preisniveau: €€€

NAURATH (Hunsrück)

Restaurant Landhaus Sankt Urbanshof
Büdlicherbrück 1
D-54426 Naurath (Hunsrück)
Tel. +49 (0)65 09/9 14 00
Fax +49 (0)65 09/91 40 40
E-Mail: info@landhaus-st-urban.de
www.landhaus-st-urban.de
Öffnungszeiten: Di. und Mi.
Ruhetag, Do.–Mo. 12–14
und 18–22 Uhr
Harald Rüssel ist einer der ehrgei-
zigsten und kreativsten jüngeren
Köche in diesem Teil Deutschlands
und ein Abend in diesem idyllisch
gelegenem Haus ein Erlebnis. Exzel-
lenter Service und eine vielseitige
Weinkarte, aber natürlich ist dieser
Standard nicht billig.
Preisniveau: €€€

ÜRZIG

Hotel Moselschild & Olivers Restaurant
Moselufer 12–13
D-54539 Ürzig
Tel. +49 (0)65 32 /9 39 30
Fax +49 (0)65 32 /93 93 93
E-Mail: moselschild@t-online.de
www.moselschild.de
Öffnungszeiten Restaurant:
Fr.–Mi. 12–14.30 und 18–21.30
Uhr. Do. Ruhetag
Seit Oliver Probst die Küche des
Moselschilds übernommen hat, ist
es eines der besten Restaurants, die
tatsächlich an der Mosel liegen.
Seine Küche ist leicht, modern und
selbstbewusst kreativ. Das Hotel ist
seit langem eines der besten im Tal.
Preisniveau: €€

TRABEN-TRARBACH

Jugendstilhotel Bellevue & Restaurant Clauss-Feist
An der Mosel 11
D-56841 Traben-Trarbach
Tel. +49 (0)65 41/70 30
Fax +49 (0)65 41/70 34 00
E-Mail: info@bellevue-hotel.de
www.bellevue-hotel.de
Öffnungszeiten Restaurant: täglich
12–14 und 18–21.30 Uhr
Das schönste Hotel in der Jugend-
stil-Metropole Traben-Trarbach
liegt perfekt am Moselufer und
beherbergt auch das beste Restau-
rant im Ort. Ein besseres Basiscamp
für eine ausgedehnte Mosel-Ries-
ling-Expedition oder ein Wochen-
ende in dieser dynamischen
Keimzelle der Mosel-Riesling-Revo-
lution gibt es nicht. Vom Bahnhof zu
Fuß erreichbar.
Preisniveau:
Hotel: €€€
Restaurant: €€

Hotel Trabener Hof
Bahnstraße 25
D-56841 Traben-Trarbach
Tel. +49 (0)65 41/7 00 80
Fax +49 (0)65 41/70 08 88
E-Mail: info@trabener-hof.de
www.trabener-hof.de
Die günstige Alternative zum Hotel
Bellevue in Traben-Trarbach, aber
auch sehr angenehme Zimmer.
Preisniveau: €

TRITTENHEIM

Stefan-Andres Weinstube (Weingut Bernhard Eifel)
Laurentiusstraße 17
D-54349 Trittenheim
Tel. +49 (0)65 07/59 72
Fax +49 (0)65 07/64 60
E-Mail: Bernhard.Eifel@t-online.de
www.weingut-bernhard-eifel.de
Öffnungszeiten Weinstube:
Mi.–Mo. 18–24 Uhr, Di. Ruhetag
Regionale Küche wird hier nicht
weniger ernst genommen als gute
Qualität im Weingut. Ein sympa-
thisch unprätentiöser Ort zum
Entspannen.
Preisniveau: €

TERRASSEN-MOSEL

Die abschüssigen Weinbergterrassen des Bremmer Calmonts und die dazugehörige gewaltige Moselschleife sind unzählige Male in Reisebüchern und -zeitschriften abgebildet worden. Dass bei der Abbildung der »steilsten Weinbergslage Europas« aber selten ein Wort über den Geschmack des dort wachsenden Weins fiel, sagt viel über den tiefen Dornröschenschlaf aus, in dem sich die Terrassenmosel befand. Lange galt dieser Teil der Mosel weinmäßig als letzter Abschnitt des Tals, als der Bereich, wo sich Glanz und Gloria des Moselweins langsam verloren. Schon die Bezeichnung »Untermosel« implizierte das (meist unausgesprochene) verbreitete Vorurteil der Minderwertigkeit dieses Moselabschnittes. Hier musste der Wein billiger als an der Mittelmosel sein, und er hatte auch weniger Anspruch auf Beachtung und Anerkennung. Zu dieser Zeit war für fast jeden Erzeuger der beste Wein der verkaufte Wein, egal, wie bescheiden der Preis war – es ging ums nackte Überleben.

Noch schneller als an der Mittelmosel, wo manche traditionsreichen Familienweingüter es schafften, der Entwicklung der 1970er- und 1980er-Jahre hin zum geschmacklichen und wirtschaftlichen Niedergang des Weins selbstbewusst zu trotzen, drehte sich hier die Teufelsspirale aus schwachem Image, schwachen Weinen und schwachen Preisen immer weiter unaufhaltsam nach unten. Lange Zeit gab es in diesem Moselabschnitt keine herausragenden Betriebe, und aus den vielen weißen Flecken auf der Weinbaukarte der Mosel von Pünderich bis Güls wurde eine weiße Fläche. Es war wenige Minuten vor Zwölf, und alle Versuche von Seiten der Politik gegenzusteuern, konnten höchstens das Ticken der Uhr etwas leiser machen…

Reisebücher und -zeitschriften schreiben auch heute noch vom Bremmer Calmont, aber heute wird der Wein beachtet und gelobt. Im Gebiet hat eine wahre Wein-Wende stattgefunden, und am stärksten ist dies oben im

Der Kölner Dom des Rieslings

Von Stuart Pigott

Links:
Der Turm zu Babel?! Auch wenn er einer von vielen steilen Terrassenlagen im Gebiet ist, spricht der Winninger Röttgen eine ganz eigene Sprache.

TERASSENMOSEL

🟩 WEINANBAU   🟧 STÄDTE & DÖRFER

🔳 Unsere Top Ten

EIFEL

A48

RHEINLAND-PFALZ

6 🔳
Bur

Kail

Karden
M

Klotten

Pommern

Mosel

Treis

Cochem

Valwig

Cond

Ernst

Sehl

Ebernach

Briedem

Bruttig-Fankel

Eller

Mesenich

Ellenz

Ediger

Beilstein

5 🔳

Poltersdorf

Bremm

Neef

Senhals

St. Aldegund

Nehren

Senheim

Alf

Bullay

Pünderich

Merl

Briedel

Kaimt Zell

50° NÖRDLICHER

✈ Hahn-Flughafen

↑
Norden

⊢——— 5 km ———⊣

5 Bremm
Calmont-Klettersteig
www.bremm-mosel.de

6 Burg Eltz
www.burg-eltz

7 Winningen
www.winningen.de

© Infographic.de

Calmont selbst zu spüren. Dorthin kommt man auf zwei verschiedene Arten. Üblich ist es, den »Calmont-Klettersteig« zu wählen. Wie der Name schon vermuten lässt, ist das kein Weg für einen Sonntagsspaziergang, sondern es handelt sich um einen anspruchsvollen Wanderweg, für den feste Wanderschuhe und starke Nerven notwendig sind. An manchen Stellen wird der Weg so eng, und der Hang fällt so steil ab, dass man sich an einem an den Felsen befestigten Seil festhalten oder über Erfahrungen im Free-Climbing verfügen muss. Die andere Art zum Calmont zu gelangen, besteht darin, einen Winzer wie Ulrich Franzen vom WEINGUT REINHOLD FRANZEN in Bremm zu bitten, mit der Monorackbahn in den Weinberg zu fahren. Die Fahrt mit einer dieser Minibahnen, ohne die die meisten dieser Weinberge gar nicht mehr zu bewirtschaften wären, ist aber nicht minder abenteuerlich. Als Passagier sitzt man zuerst auf der Ladefläche, wenn der Zug aber nach oben schießt, wechselt man die Stellung immer wieder: von halbliegend, wenn der Zug über eine Terrasse fährt, zu fast stehend, wenn der Zug von einer Terrasse zur nächsten steigt. Das sind echte Wein*berge*, und sie bilden die Spitze der gegenwärtigen Moselweinrevolution!

Unten an der Straße befinden sich links und rechts vom Gleis nur ganz kurze Rebzeilen, je weiter man sich aber von einer Terrasse zur nächsten nach oben bewegt, werden die Rebzeilen immer breiter, und die teils mit Buchsbäumen bewachsenen Felsrippen treten immer weiter zurück. Der Weinberg scheint sich wie ein Fächer zu öffnen; der Volksmund nennt das »Kaul« – ein Talzug, der sich zwischen Felsrippen in den steilen Hang hineinzieht. In ihm laufen Feinerde und Wasser zusammen und ermöglichen so erst Weinbau in dieser Extremlage.

■ **Everyone must get stoned!**
Reinhard Löwenstein, Weingut
Heymann-Löwenstein, Winningen

Zwischen Frühling 2002 und 2004 hat Ulrich Franzen mit einem kaum vorstellbaren Aufwand das »Fachkaul« von einem verwilderten Chaosgebiet in 1,5 Hektar der besten Weinberge der Terrassenmosel zurückverwandelt. Vor dieser tatkräftige Arbeit musste er 130 Kleinparzellen zusammenkaufen und pachten. Dann wurde das Gestrüpp ent-

Weingut Reinhold Franzen
Gartenstraße 14
D-56814 Bremm
Tel. +49 (0)26 75/4 12
Fax +49 (0)26 75/16 55
E-Mail: info@weingut-franzen.de
www.weingut-franzen.de
Öffnungszeiten:
nach Vereinbarung

fernt, die fast 600 Meter lange Monorackbahn gelegt, 6900 Reben gepflanzt, Drahtrahmen für sie aufgestellt und die Trockenmauern der Terrassen saniert. Der karge Grauwackeboden – über 70 Prozent grobe Steine! – machte alles noch viel schwieriger.

2006 dann die erste kleine Ernte – voll im Ertrag wird diese Fläche aber erst zwei, drei Jahre später sein. Maximal 50 Hektoliter pro Hektar erbringt das »Fachkaul«. Dafür fällt die Belohnung im Glas grandios aus: Weine wie der Calidus Mons (lateinisch für »heißer Berg«), ein herber Riesling mit enormer Geschmacksdichte, mineralischer Tiefe und großem Entwicklungspotential werden zukünftig hier wachsen. Durch solche Gewächse hat das Gebiet die dramatische Talfahrt im letzten Moment beenden und eine ganz neue Epoche einleiten können. Die Namensänderung in die ausdrucksstarke und zudem viel treffendere »Terrassenmosel« im Jahr 1994 manifestierte diesen Neuanfang.

Blick auf die beeindruckende Moselschleife bei Bremm. Am linken Bildrand steht der Bremmer Calmont, die steilste Weinbergslage Europas. Durch den Calmont verläuft ein Klettersteig, der Abenteuerlustigen ähnlich gigantische Blicke bietet.

Inzwischen hat sich auch der Ruf der Terrassenmosel grundlegend verbessert. Gleichwohl sind damit aber keinesfalls alle Probleme aus dem Weg geräumt. Wenn man so konsequent wie Franzen Weinbergsland retten und auf eine

Fuderfässer spielen bei vielen der führenden Weingüter an Mosel, Saar und Ruwer noch heute eine bedeutende Rolle.

nachhaltige wirtschaftliche Basis stellen will, dann muss der Wein aus diesen Lagen 20 Euro und mehr pro Flasche kosten. Es gibt einige Weine von der Terrassenmosel in dieser Preisklasse, aber es wird anscheinend immer noch als unmoralisch empfunden, einheimische Weine für solche Preise zu verkaufen oder zu kaufen, obgleich deutsche Autos für sechsstellige Eurosummen anstandslos akzeptiert werden – ein Problem nicht nur der Terrassenmosel-Weine, sondern vieler deutscher Spitzenweine, die wegen ihrer immensen Erzeugungskosten entsprechende Preise erzielen müssen. Eine junge Konsumentenschicht wächst heran, die frei von solcher Heuchelei ist, aber die wenigsten unter ihnen sind schon so weit, solche Weine zu trinken.

Ulrich Franzen und seine Frau Iris kommen mit dieser Situation ganz gut zurecht, weil sie, seit sie den Familienbetrieb übernommen haben, konsequent auf trockene Weine setzten. Die hohe Qualität ihres Sortiments, auch bei den günstigsten Weinen, spielt dabei eine wesentliche Rolle. Schon der normale trockene Riesling aus dem Calmont hat eine ausgeprägte Würze, einen gewissen Schmelz und eine salzig-mineralische Note. Der höherwertige Calmont Goldkapsel erfüllt Franzens Ziel, »einmalige Weine zu machen«, voll und ganz. Kräftig und füllig, aber keinesfalls schwer oder wuchtig, sondern die nahezu perfekte Harmonie aus Alkohol, Frucht und Säure bildet ein Podest, auf dem die ineinander verwobenen Kräuter- und Mineraliennoten wie Laocoon stehen. Seit dem Jahrgang 2000 übertrifft ihn der noch geschmeidigere (und ein wenig süßere) Calidus Mons, ein wahrhaft gigantischer Riesling. Neu ab dem Jahrgang 2006 ist das »Große Gewächs«, das ein wenig schlanker, aber genauso würzig ausfällt. Die weltoffenen Franzens reden nicht lang über Kellerwirtschaft, nicht nur, weil sie sehr schlicht ausfällt: alle Rieslinge werden spontan vergoren und sind damit zwischen zwei und zehn Monaten beschäftigt. Für die Franzens ist die Selektion der Trauben während der Lese wichtiger – für Calidus Mons werden z. B. nur kleine goldgelbe Träubchen ohne Botrytis genommen. Bei aller Tiefe haben ihre Weine auch etwas von der unprätentiösen Geradlinigkeit und lebensfrohen Art ihrer Erzeuger.

1997 hatte Franzen das Glück, zwei Parzellen von insgesamt 0,75 Hektar mit sehr alten Reben in der naheliegenden Spitzenlage Neefer Frauenberg erwerben zu können.

Der Riesling Goldkapsel aus dem Frauenberg stellt für den Calidus Mons eine echte Konkurrenz dar, wobei die Weine aus dem Frauenberg immer zarter, schlanker und sanfter ausfallen als die Calmont-Weine. Sie leben auch mehr von einer feinen, hochoriginellen Aromatik. Johannisbeeren, Walderdbeeren, Blüten und Blütenhonig sind typische Noten und stehen im Kontrast zu Pfirsich- und Kräuternoten in den Calmont-Weinen. Trotz dieser heiteren statt markanten Art handelt es sich jedoch um sehr konzentrierte Weine.

Viele Parallelen zu Franzen, auch in puncto Weingeschmack, finden sich beim WEINGUT HEYMANN-LÖWENSTEIN, gut 50 Kilometer flussabwärts in Winningen, der mit Abstand größten Weinbaugemeinde der Terrassenmosel. Reinhard Löwenstein und Cornelia Heymann fingen 1980 mit Weinbau im naheliegenden Lehmen quasi bei Null an. 1983 zogen sie nach Winningen, reduzierten ihre Hektarerträge deutlich unter das gängige Niveau dieser Zeit und führten das heute noch gültige schräge Streifenetikett ein, das damals für Furore sorgte. Im Frühling 1987 erreichte ihre 1985er Winninger Uhlen Riesling Spätlese trocken Platz eins in einer großen Blindverkostung der besten österreichischen und deutschen Rieslinge. Im gleichen Jahr verschwanden die Prädikate auf den Etiketten, um die Aufmerksamkeit ganz auf den Lagennamen zu richten.

Das war aber nur ein kleiner Vorgeschmack von dem, was in den nächsten Jahren kommen würde. Löwenstein hat nicht nur ein Gespür für den Wein, sondern auch eine wahre Begabung für dessen Vermarktung und erreichte bis Anfang der 1990er-Jahre einen hohen Bekanntheitsgrad in der Weinszene. Durch medienwirksame Aktionen – so ließ er sich während des »Jahrhunderthochwassers« im Dezember 1993 vor den Kameras in einem Schlauchboot im gefluteten Weinkeller treiben und rauchte entspannt eine Zigarre, während seine Winzer-Kollegen in großer Aufregung waren – zog er nicht nur große Aufmerksamkeit auf sich, sondern brachte die Terrassenmosel einer breiteren Öffentlichkeit erstmals als eigenständiges Weingebiet ins Bewusstsein. Auch wenn er es für manche seiner Kollegen und Fachleute zu bunt trieb, waren diese Schlagzeilen für das Image der Terrassenmosel immer positiv.

Zu dieser Zeit entwickelte Löwenstein auch seine heutige

Weingut Heymann-Löwenstein
Bahnhofstraße 10
D-56333 Winningen
Tel. +49 (0)26 06/19 19
Fax +49 (0)26 06/19 09
E-Mail: weingut@heymann-loewenstein.com
www.heymann-loewenstein.com
Öffnungszeiten:
nach Vereinbarung

Önologie
Die Kellerwirtschaft, auch Önologie genannt, befasst sich vor allem mit dem Keltern und Reifen
des Weins.

Arbeitsweise im Keller, besser gesagt, es entwickelte sich unter seinen Augen eine ganz neue Art Moselwein, die jenseits
der konventionellen Weinstilistik und Önologie liegt. 1996
durchliefen sämtliche Trauben zum ersten Mal eine Maischestandzeit, und die ganze Ernte wurde spontan vergoren
– jedem Wein wurde so viel Zeit für die Gärung gelassen,
wie er benötigte. Daran hat sich bis heute nichts Grund-

*Cornelia Heymann und Reinhard
Löwenstein bei der Endkontrolle
der Trauben in Winningen. Die
Heymann-Löweinstein-Weine sind
nicht weniger das Ergebnis von
Waghalsigkeit als von Akribie.*

legendes geändert. Bei Heymann-Löwenstein machen die
Weine zwei Gärphasen durch: von der Lese bis in den Janu-
ar und wieder ab dem Spätfrühling bis kurz vor der darauf
folgenden Weinlese. Beim Beschreiten dieses keller-
wirtschaftlichen Sonderwegs ging es dem Winzerpaar jedoch nie darum, um jeden Preis anders sein zu wollen, sondern alleine um das Ergebnis: den Ausdruck des Weins. Als
sie diesen Weg einschlugen, fielen ihre Weine im positiven
Sinne komplett aus dem Rahmen. Nuancen und Charakter-
züge, die vorher nur bedingt zu spüren waren, kamen plötzlich klar, oft sogar mächtig zum Vorschein. Diese Weine
spalteten das breite Publikum nicht weniger als die Fachleute. Die Mitglieder der großen Löwenstein-Fangemeinde lie-
ben diese Weine wegen ihrer aromatischen Originalität, ih-

rer enormen Ausdrucksstärke, ihrer Autonomie und ihrem Selbstbewusstsein. Für andere hingegen sind es »schreckliche wilde Weine«. Diese Polarisierung in der Wahrnehmung ist auch Teil ihres Wesens.

Um diesen Weinen gerecht zu werden, muss man Beschreibungen wählen, die genauso unkonventionell sind wie die Weine. In ihnen trifft man auf ein Spiel zwischen Licht und Dunkelheit, das in jedem einzelnen Wein etwas anders ausfällt. Solch ein Spiel findet sich zwar mehr oder weniger in jedem guten Moselwein, bei Heymann-Löwenstein aber ist es nicht diskret im Hintergrund angedeutet, sondern steht – weil es gesucht und kompromisslos akzeptiert wurde – unübersehbar im Vordergrund. Eine Erklärung für dieses Spiel könnte lauten, dass die hellen Elemente von der Sonne kommen (und dahin streben) und die dunklen aus dem steinigen Boden stammen (und daran haften). Genauso könnte man annehmen, dass die hellen Noten aus den hochreifen Trauben herrühren und die dunklen durch die lange Gärung, bei der sich Phasen von kräftiger Hefevermehrung mit stillen Phasen abwechseln, entstehen. Aber viele weitere Erklärungen, nicht weniger stimmig oder aussagekräftig, sind denkbar. Wenn man diese Weine akzeptiert, wie sie sind, dann wird man jede dieser Beschreibungen als eine von vielen statt als die einzig mögliche betrachten. Denn auch wenn manches an diesen Weinen wissenschaftlich zu erklären ist – was Löwenstein auch tut –, sind sie nicht allein rational zu erfassen. Deswegen führt Löwenstein auch Argumente jenseits der Naturwissenschaft ins Feld. Oder, wie Löwenstein es selbst ausdrückt: die Weine bieten eine Projektionsfläche, auf der sich unsere Empfindungen und Ideen frei entfalten können.

Weil es Weine sind, die ihre Herkunft geschmacklich stark widerspiegeln, ist vielleicht der beste Ansatz, um sich ihnen zu nähern, der Blick auf das Terroir. Ein allgemeines Terrassenmosel-Terroir kommt in den Schieferterrassen-Weinen (Schieferterrassen ist seit 1992 eine patentierte Marke des Guts) aus den Schieferterrassen von Hatzenport, Lehmen und Winningen zum Ausdruck. Diese herben Rieslinge sind in puncto Körper, Substanz und Dichte nicht unbedingt minderwertiger als die Lagenweine des Betriebs, auch wenn sie günstiger sind. Löwenstein beschreibt sie sehr treffend: »reife Rieslingfrucht kokettiert mit subtilem Schiefer«,

Steintreppen führen in die Steillagen der Terrassenmosel.

und es sind tatsächlich fruchtbetontere Weine, die deutlich zugänglicher sind als die markanten, extrem eigenständigen Lagenweine.

Von den Winninger Weinen stellen die drei Weine aus der Lage Uhlen eine einmalige Konstellation im deutschsprachigen Raum dar; drei Weine aus gleicher Lage, aber aus unterschiedlichen Terroirs. Viele Jahre lang hat Löwenstein nur den Wein aus der Roth Lay, wo die Reben auf rotem, eisenoxidhaltigem Emsquarzit wachsen, als Uhlen vermarktet. Diese Weine sind in puncto Aromatik und geschmacklicher Prägung so weit von den Schieferterrassen-Weinen entfernt wie nur denkbar. Sie duften eher nach Süßholz und Steinmetz-Werkstatt als nach irgendetwas Fruchtigem, und ihre edle Adstringenz fordert den Trinker heraus, statt ihm zu schmeicheln. »Transzendenz« ist Löweinsteins oft wiederholter Kommentar dazu; ein Wort, das den postmodernen Menschen mit seiner oft selbstgefälligen Ironie herausfordert.

Die Zusatz-Bezeichnung Roth Lay auf dem Etikett geht auf den Jahrgang 2000 (für edelsüße Auslesen, für herbe Weine erst mit 2001) zurück, als Löwenstein zum ersten Mal herbe Rieslinge aus zwei anderen Abschnitten des Uhlen getrennt abfüllte und unter dem alten Namen des jeweiligen Bereichs der Lage vermarktete. Der wichtigste dieser Weine ist der Uhlen Laubach, benannt nach den unteren Laubachschichten, der kalkhaltigen und fossilienreichen Schieferart, auf der die Reben hier vorwiegend wachsen. Diese Weine sind üppig und geschmeidig auf eine Weise, die ganz untypisch für die Terrassenmosel, gar für die gesamte Mosel, Saar und Ruwer ist! Sie haben eine eigenartig cremig-nussige Würze, die ein wenig an Weißweine aus dem Burgund erinnert.

»Als ob sie blaue Füße hätten« – Cornelia Heymanns bildliche Beschreibung der Rieslinge aus der Uhlen Blaufüßer Lay trifft, denn tatsächlich sind es immer eindeutig die kühlsten Weine des Trios – in der Aromatik wie auch in der Säure.

Fast konträr präsentieren sich die Rieslinge aus der Lage Winninger Röttgen. Das ist nicht erstaunlich, wirft man einen Blick auf den Uhlen: ein wahres Weinbergs-Amphitheater unmittelbar flussaufwärts von Winningen an der Autobahnbrücke der A61 und dessen direkt nach Süden exponierte Terrassen, im Volksmund »Chöre« genannt, die wie eine

Rechts:
Die Monorackbahn, eine
Einschienenzahnradbahn,
ermöglicht die Bewirtschaftung
der steilen Weinterrassen.

Terrassenmosel schmecken

BREMMER CALMONT RIESLING TROCKEN
Weingut Reinhold Franzen/Bremm

Bei Franzens einfachem Calmont behält man noch einen Fuß auf dem steinigen Boden von Europas steilstem Weinberg – doch mit dem anderen steht man bereits im Himmel. Fest und mineralisch, aber auch ätherisch ist der zarte Schmelz des Weins von einer lebhaften Frische balanciert. Solch ein Wein für solch einen freundlichen Preis ist aber schnell vergriffen!

PÜNDERICHER MARIENBURG RIESLING SPÄTLESE TROCKEN ***
Weingut Clemens Busch/Pünderich

Beachtliche Geschmacksdichte paart sich hier mit nicht weniger beachtlichem Alkoholgehalt und Kraft; trotzdem ergibt dies keine Schwere, weil die Harmonie nahezu perfekt ist und der Schieferton die Fülle wunderbar auffängt. Trockener Riesling lässt sich hier kaum weiter steigern; wenn die Trauben noch reifer werden, kann die Hefe nicht mehr die gesamte Traubensüße vergären.

SCHIEFERTERRASSEN RIESLING
Weingut Heymann-Löwenstein/Winningen

Der Gutsriesling oder Standardwein von Reinhard Löwenstein ist alles andere als Standard in Duft und Geschmack. Die üppigen Aromen – ganz viele, ganz reife gelbe Früchte! – und eine beachtliche Fülle werden von Säurefrische und mineralischer Note hellwach gekitzelt: Nicht die Würze der Lagenweine, aber bereits deren Format.

WINNINGER BRÜCKSTÜCK RIESLING SPÄTLESE FEINHERB
Weingut Reinhard & Beate Knebel/Winningen

Blütenduftigkeit und Blütenheiterkeit, wie sie an der Terrassenmosel selten zu finden sind, mit exotischer Fruchtigkeit vermählt – ein wunderbares Spiel mit sanfter Nachhaltigkeit. Vieles daran erinnert an die Mittelmosel, Volumen und Weinigkeit sind jedoch durch und durch Terrassenmosel. Wo ist der rote Curry, wo wartet der Hummer?

GONDORFER GÄNS RIESLING KABINETT
Weingut Lubentiushof/Niederfell

Es wird oft behauptet, die Terrassenmosel sei schlichtweg das falsche Pflaster für Rieslinge mit natürlicher Traubensüße. Aber diesem Wein gelingt in dieser Richtung eine wunderbare Harmonie. Zartgoldene Früchte leuchten in der silbernen Herbstsonne, und so reif ihr Geschmack auch ist, der Wein endet mit herber Frische.

Treppe mit bis zu 20 Stufen vom Moselufer zum Wald steil aufsteigen. Wie der Kölner Dom sind die Terrassenlagen des Gebiets ein Werk vieler Generationen und wurden im 19. Jahrhundert vollendet. Der Röttgen dagegen liegt flussabwärts von Winningen, ein nach Südosten abfallender Berg, dessen Boden eine deutliche Gelbfärbung aufweist. Löwensteins Beschreibung dieser Weine mit »Mittagshitze über dem Obstmarkt« trifft exakt zu. Es sind üppige und barocke Weine, die immer mehr oder weniger vom Duft hochreifen und/oder exotischen Obsts geprägt sind. Dieses Muster an Lagencharakter wiederholt sich bei den edelsüßen Weinen des Gutes, die ab 1994 immer beeindruckender ausgefallen sind.

Die Mosel schlängelt. Wer die Uferstraße nehmen will, muss Zeit mitbringen.

1999 wagte Löwenstein einen großen Schritt und übernahm 1,5 Hektar Weinberge in Hatzenport, eine damals gänzlich unbekannte Weinbaugemeinde etwa 15 Kilometer flussaufwärts von Winningen. Auf den ersten Blick sind es keine spektakulären Weinberge – sie sehen den Winninger Terrassenlagen recht ähnlich, wenngleich sie nicht ganz so steil sind. Warum aber hat sich Löwenstein diese Lagen ausgesucht? Die herben Heymann-Löwenstein-Rieslinge der Lagen Kirchberg und Stolzenberg (Letzterer erst seit 2000) liefern die Erklärung: Es sind ganz andere Weine als die Winninger Rieslinge, und sie geben den letzten Beweis dafür, dass Löwensteins Weine nicht in erster Linie durch seine kellerwirtschaftliche Arbeitsweise geprägt sind. Beide Rieslinge sind einen Stich schlanker als die Winninger Weine: Der Kirchberg hat etwas Pikantes, ist aber trotzdem heiter und schwungvoll, dagegen spuckt der mächtige, würzige Stolzenberg richtig Drachenfeuer.

Manche seiner Kollegen sehen Löwenstein selbst als feuerspuckenden Drachen – und es stimmt, dass er manchmal freudig in die Rolle des Provokateurs schlüpft. Aber für ihn ist es viel mehr als nur eine Rolle, wie die Lektüre seiner Publikationen – vom selbst verlegten Pamphlet »Klang des Schiefers« (2000) bis zum ganzseitigen FAZ-Artikel »Von Öchsle zum Terroir« (2003) – belegt. Seine damalige Idee von der »Rückkehr zum authentischen Wein«, die viele Pioniere seiner eigenen Generation aufgriffen, entspricht heute genau dem Zeitgeist der Jungwinzer des deutschsprachigen Raums. Für viele von ihnen sind seine Weine inzwischen Klassiker.

**Weingut
Reinhard & Beate Knebel**
August-Horch-Straße 24
D-56333 Winningen
Tel. +49 (0)26 06/26 31
Fax +49 (0)26 06/25 69
E-Mail: info@weingut-knebel.de
www.weingut-knebel.de
Öffnungszeiten:
nach Vereinbarung

Das ist aber nur eine Geschichte von und aus Winnigen. Eine ganz andere ist die vom WEINGUT REINHARD & BEATE KNEBEL. Während der 1990er-Jahre hat das Winzerpaar stetig und mit großer Mühe die Qualität ihrer selbstbewusst-modernen Weine, die schon immer durch Klarheit und reife Fruchtaromatik bestachen, nach oben geschraubt. Es gab nichts Philosophisches an diesen Weinen; Trinkfreude war das unkomplizierte Ziel. Besonders viel Aufsehen erregten die Knebels mit ihren edelsüßen Auslesen, Beerenauslesen und Trockenbeerenauslesen, deren strahlende Art in dieser Konzentration an der Terrassenmosel immer noch sehr selten zu finden ist. Hinter diesen Gewächsen steckten enorme Selektionsarbeit und Akribie bei der Verarbeitung von Trauben, Most und Jungwein. Kein Wunder, dass sie reihenweise Preise und Auszeichnungen erhielten und sehr viele Freunde des edelsüßen Weins im In- und Ausland begeisterten. Ihr Erfolg strahlte auch auf die trockenen Weine des Weingutes ab, die immerhin gut zwei Drittel der Produktion ausmachten. Sie verkauften sich sehr gut und ernteten viel Lob, hatten es aber im direkten Vergleich mit den edelsüßen Weinen etwas schwerer. Um die Jahrhundertwende fingen die Knebels an, ein wenig im Keller zu experimentieren. Dem aber wurde durch den Tod von Reinhard Knebel in Mai 2004 eine jähes Ende gesetzt.

Die heutigen Weine des Guts sind ein Gemeinschaftswerk von Beate Knebel und dem beratenden Önologen Gernot Kollmann aus Trier, bis 2004 Verwalter des Weinguts van Volxem in Winningen/Saar nach der Übernahme durch Roman Niewodniczanski im Jahr 1999 (siehe Seite 118). Die heutigen Knebel-Weine sind aber keinesfalls ein Van-Volxem-Abklatsch. Vor allem die trockenen und feinherben Weine sind deutlich expressiver geworden, ohne dabei die klare Frucht der Vorjahrgänge zu verlieren. Trinkfreude bleibt das Ziel, es wurde nur etwas anders definiert als zu Lebzeiten von Reinhard Knebel.

Der damalige Wettstreit indes, wo nun wirklich die beste trockene Riesling Spätlese des Guts herkommt, setzt sich fort. Mit ihren satten Zitrus- und Ananasnoten und ihrem üppigen Körper sind die Röttgen-Weine typische Vertreter dieser Lage, die Uhlen-Weine dagegen wirken fast strengmineralisch. Heute sind es eher die feinherben Spätlesen aus der unterschätzten Lage Brückstück (die flussaufwärts an den Röttgen grenzt) mit ihrem komplexen Kräuter- und Aprikosenduft, ihrem filigranen Spiel und ihrer großen Nachhaltigkeit, die den Röttgen-Weinen Paroli bieten.

Ungewöhnlich für einen Spitzenbetrieb der Terrassenmosel bleibt die Beschäftigung mit der süßen Riesling Spätlese.

Jedes Jahr gibt es zwei solcher Weine aus dem Röttgen, wovon einer aus alten Rebbeständen stammt – ohne dies zu deklarieren – und der andere, der konzentriertere, sich Alte Reben nennt. Ihnen gemeinsam ist ein zartbitterer Schmelz, der ein wenig an Schokolade erinnert. Bei der Alte-Reben-Abfüllung sind die Fruchtnoten im positiven Sinne überreif und mit einer enormen mineralischen Kraft verbunden. Diese Üppigkeit steigert sich bei den Riesling Auslesen aus dem Röttgen, die vor Mango- und Ananasaromen regelrecht strotzen und eine fulminante Fülle und ein herbes Finale besitzen. Noch satter und schmelziger wirken die Röttgen Beerenauslesen und Trockenbeerenauslesen, aber Charakter und Fülle halten sich die Waage. In diesem hochwertigen Bereich können die Weine aus dem Uhlen durch ihre

Nebel ist ein wichtiger Faktor des Moselklimas. Er kann sich auf erstaunliche Weise und sehr schnell wieder auflösen.

ausgeprägtere Mineralität und festere Art noch spannender ausfallen, und es lässt sich trefflich weiter darüber streiten, welche Lage nun die bessere für edelsüße Weine ist.

Erst wenn man die anderen ehrgeizigen Betriebe Winningens anschaut, wird es einem klar, wie viel diese zwei Zugpferde in Winningen bewegt haben. Am auffälligsten unter den Winninger Aufsteigern ist Rüdiger Kröber. Auch wenn er seinen sieben Hektar großen Familienbetrieb bereits seit 1991 führt, legte er erst nach der letzten Jahrhundertwende einen mächtigen Qualitätssprung nach vorne hin. Das WEINGUT KÖRBER macht einen bescheidenen Eindruck, doch was ins Glas kommt, orientiert sich ungeniert an naheliegenden Vorbildern, besitzt aber trotzdem eine ganze eigene Handschrift. Das macht sich schon in Kröbers Riesling trocken eindeutig bemerkbar: reife Pfirsichnote, Substanz und Lebendigkeit. Die herben Kabinettweine sind ein wenig schlanker, aber ähnlich charaktervoll, mit einer betonteren Säure und mehr Schwung. Kröber ist kein großer Fan der Bezeichnung »trocken« und wird bei seinen beeindruckenden trockenen Spätlesen aus dem Uhlen und dem Röttgen zukünftig darauf verzichten. Ihre Reife und ihr Schliff bezeugen eine ganz klare Vorstellung von Weinqualität, sprechen von Ehrgeiz und von vielen Arbeitsstunden im Weinberg. Der Röttgen fällt dabei viel schmelziger und exotischer aus als der felsenfeste und kräftige Uhlen. Auch hier lockt eine extrem lange Gärung eine Würze heraus, die weit abseits des üblichen modernen fruchtigen Kuschelgeschmacks liegt.

Kröbers Rieslinge mit natürlicher Süße stammen vorwiegend aus dem Röttgen. Die Spätlese gewinnt durch die strenge Traubenselektion der stark limitierten Auslese. Viele hochreife und überreife Trauben, die auslesewürdig sind, landen in der cremig-saftigen Spätlese, deren tropische Frucht- und Blütenaromen verführerisch sind. Dagegen zeigt die Auslese Noten nach vielerlei Trockenfrüchten, eine wunderbare Balance und nachhaltige Frische.

Bereits länger etabliert ist das WEINGUT FRIES, in dem Reiner und Anke Fries stetig an der Verfeinerung ihrer ungewöhnlich breiten Palette von Weinen der Terrassenmosel arbeiten. Seit einigen Jahren genießen sie zu Recht den Ruf, den besten trockenen Weißburgunder des Gebiets zu erzeu-

Weingut Rüdiger Körber
Hahnenstraße 14
D-5633 Winningen
Telefon: +49 (0)26 06/3 51
Telefax: +49 (0)26 06/26 06
E-Mail: info@weingut-koerber.de
www.weingut-koerber.de
Öffnungszeiten:
Mo.–Sa. 8–12 und 13–18 Uhr

Weingut Fries
Bachstraße 66
D-56333 Winningen
Tel. +49 (0)26 06/26 86
Fax +49 (0)26 06/20 00 16
E-Mail: info@weingut-fries.de
www.weingut-fries.de
Öffnungszeiten:
nach Vereinbarung

gen. Mit zwischen 13 und knapp 14 Volumenprozent Alkohol, einem Duft nach frischer Butter und karamellisiertem Apfel und richtig viel Schmelz ist es ein ganz eigener Wein für dieses Gebiet, aber die Säure reicht exakt aus, um die Fülle zu balancieren und für eine ansprechende Frische zu sorgen. Noch mehr aus dem Rahmen fallen die Rotweine und Rosés. Letztere zeigen eine heitere Himbeernote, sind strahlend und verspielt; für die gesamte Mosel, Saar und Ruwer eine einmalige Leistung! Der normale Spätburgunder Rotwein besitzt eine feine Kirschfrucht, elegante Gerbstoffe und eine sanfte Säurefrische. Wenn der Spätburgunder aus der Barrique weniger eichenbetont wäre, würden die reife Kirschnote und die seidigen Gerbstoffe noch besser zur Geltung kommen. Dagegen strotzt der in der Barrique ausgebaute Dornfelder vor Brombeeren- und Pflaumenaromen, ist herb, hat aber überraschend geschliffene Gerbstoffe für diese grobschlächtige Traube.

Ganz geradlinig mit einer leicht zitronigen Frische präsentieren sich durchgängig die herben Rieslinge, die gut die Hälfte der Gutsproduktion ausmachen. Kraft und Mineralität besitzen die trockenen und feinherben Versionen der Apollo-Terrassen, Rieslinge, die nach dem seltenen, am Uhlen vorkommenden Apollofalter benannt sind. Dunkler und noch mineralischer wirkt der Uhlen Riesling trocken, und trotz deutlich mehr als 13 Volumenprozent Alkohol kommt er noch leichtfüßig daher.

■ Die Weine der Terrassenmosel sind extrem mineralisch; sie schmecken dadurch manchmal leicht salzig. Wenn man die Trockenmauern der Terrassen und die zahlreichen Felsen anschaut, dann passt das optische Bild zum Geschmacksbild.

Noch etablierter und nicht weniger vom allgemeinen Winninger Aufschwung ergriffen, ist das WEINGUT RICHARD RICHTER. Das beeindruckende Gutshaus mit seinem holzgetäfelten Verkostungsraum wirkt geschichtsträchtig, aber keinesfalls verstaubt. Die Brüder Claus-Martin und Thomas Richter unterstreichen den Eindruck vorsichtiger Dynamik;

Weingut Richard Richter
Marktstraße 19
D-56333 Winningen
Tel. +49 (0)26 06/3 11
Fax +49 (0)26 06/14 57
E-Mail: info@weingut-richter.net
www.weingut-richter.net
Öffnungszeiten:
Mo.–Fr. 8–18 Uhr

man will nichts vom Zaun brechen, aber doch unbedingt weiterkommen. Die Tradition der trockenen Leichtweine mit deutlich unter zwölf Volumenprozent Alkohol wird gepflegt – sehr erfolgreich, weil solche Gewächse hier nur aus Trauben mit niedrigem Zuckergehalt, aber guter Aromareife gekeltert werden und keine Schema-F-Kellerwirtschaft betrieben wird. Um den ersten Platz unter den trockenen Gewächsen kämpfen aber andere: der kräftige, aber lebendige Felsenterrassen-Riesling und der noch üppiger und schmelziger ausfallende Riesling Spätlese trocken aus dem Uhlen (Laubach). Ähnlich beeindruckend, aber viel zarter fällt die feinherbe Riesling Spätlese aus dem Brückstück aus, ein konzentrierter, aber filigraner Wein mit einer unterschwelligen Festigkeit.

Im Weingut Richard Richter wird seit langem auch der edelsüße Riesling gepflegt, wobei die Weine aus dem Jahrgang 2005 einen neuen Höhepunkt darstellen. Zwei Auslesen, zwei Beerenauslesen und die Trockenbeerenauslese besitzen eine edle Reife und eine herrliche Brillanz und erinnern mehr an die Spitzenweine der Mittelmosel (sie werden auch ähnlich lange leben!) als andere edelsüße Gewächse der Terrassenmosel.

Dieser Bereich der Terrassenmosel flussaufwärts von Winningen wirkt viel uriger als die Mittelmosel. Die Mehrheit der Weinberge befindet sich auf den nach Süden ausgerichteten Steillagen am linken Ufer der Mosel mit Wald und Felsen auf der anderen Flussseite, dazu fallen zahlreiche Burgruinen ins Auge. 1824 und 1839 wurde diese Landschaft vom britischen Künstler William Turner malerisch dokumentiert. Eines seiner Aquarelle ziert die Etiketten eines der besten Erzeuger dieses Teils des Tals: das WEINGUT LUBENTIUSHOF. Seit 2005 fährt Andreas Barth zweigleisig bzw. ist er Verwalter des traditionsreichen Weinguts von Othegraven in Kanzem/Saar (siehe Seite 114) und führt zugleich sein eigenes Weingut in Niederfell. Theoretisch stellen die häufigen Autofahrten von knapp zwei Stunden zwar ein Problem dar, aber die Lubentiushof-Weine sind heutzutage so gut wie noch nie zuvor. Es scheint eine gegenseitige Befruchtung stattzufinden.

Gut zwei Drittel des gesamten Weinbergsbesitzes des Gutes bestehen aus 3,3 Hektar in der insgesamt nur 3,7 Hektar

Weingut Lubentiushof
Kehrstraße 16
D-56332 Niederfell
Tel. +49 (0)26 07/81 35
Fax +49 (0)26 07/84 25
E-Mail: weingut@lubentiushof.de
www.lubentiushof.de
Öffnungszeiten:
nach Vereinbarung

Rechts:
Die Lage Winninger Röttgen ist zwar nicht so berühmt wie der Winninger Uhlen, aber die Weine von dieser ebenfalls extremen Terrassenlage können genauso beeindruckend ausfallen.
»Röttgen« steht für Rieslinge mit enormer Saftigkeit und üppigem exotischen Duft, fast das Gegenteil der festen, mineralischen Gewächse aus dem Uhlen.

großen Spitzenlage Gäns hoch über dem Ort Gondorf auf der gegenüberliegenden Uferseite der Mosel von Niederfell. Dieser große Besitz in einer Lage ermöglicht Barth jedes Jahr die Erzeugung einer kleinen Palette von Gäns-Rieslingen. Seit 2001 gehören sie eindeutig zur Gebietsspitze. Schon der reguläre herbe Gäns-Riesling hat viele Muskeln, dank der sehr reifen Aromen von goldgelben Früchten (vor allem Mirabellen!) ohne Rambo-artig zu wirken. Noch dichter, mächtiger und nachhaltiger ist der Gäns-Riesling Alte Reben, dessen Hauch Süße perfekt versteckt ist. Ganz anders Barths Riesling Alte Reben aus dem Uhlen, genauer gesagt, aus dem kleineren Teil der berühmten Lage in der Gemarkung Kobern, wo es Blauschiefer gibt. Er besitzt eine herrliche Saftigkeit sowie einen strahlenden Kirschduft und liegt geschmacklich meilenweit entfernt von den Spitzenweinen aus der benachbarten Lage Uhlen Roth Lay. Die üppigen, aber keinesfalls übermäßig süßen Spätlesen aus der Gäns sind enorm dicht und nachhaltig für diese Kategorie und spielen in der Terrassenmosel in der ersten Liga. Die Auslesen, Beerenauslesen und Trockenbeerenauslesen aus dieser Lage sind immer sehr kompakte Botrytis-Weine mit vielen Trockenfrüchte-Aromen (auch Mango und Ananas) und weisen eine ungeheure Lagerfähigkeit auf.

Weiter flussaufwärts im zentralen Bereich der Terrassenmosel liegen nicht nur viele Weinberge brach, sondern auch ein enormes Potenzial für Spitzenweine. Der Klottener Burg Coraidelsteiner und der Brauneberg, der Valwiger Herrrenberg und der Poltersdorfer Rüberberger Domherrenberg sind nur die auffälligsten Stellen, wo die Terrassenmosel noch im Dornröschenschlaf liegt. Dagegen sind die herben Rieslinge vom WEINGUT LEO FUCHS in Pommern gar keine Schlafmützen, sondern sehr lebendige moderne Weine. Mit heiterem Pfirsichduft, guter Substanz und Rasse beweisen die trockenen und feinherben Rieslinge vom grauen Schiefer, dass in dieser Landschaft wesentlich mehr steckt als nur Terrassenweine für die schnelle Touristenabfertigung in Cochem, Beilstein und anderswo. Bruno Fuchs, der den Betrieb seit 1980 führt, wird seit kurzem von seinem ehrgeizigen Sohn Ulrich unterstützt, was sich bereits sehr positiv bei den edelsüßen Weinen – die deutlich an Brillanz gewonnen haben – auswirkt.

Weingut Leo Fuchs
Hauptstraße 3
D-56829 Pommern
Tel. +49 (0)26 72/13 26
Fax +49 (0)26 72/13 36
E-Mail: Leo-Fuchs@t-online.de
www.leo-fuchs.de
Öffnungszeiten Vinothek:
April–Dezember
Mo.–Do. 17–19 Uhr,
Fr. 13–19 Uhr, Sa. 10–17 Uhr

Etwa die gleiche Situation herrscht im oberen Teil der Terrassenmosel, wo in Zell die Weinberge mehr Kulisse für die touristische Hochburg als ein Zentrum der Weinkultur bilden. Hier besteht die Vermarktungsstrategie vieler Winzer noch einzig und alleine aus der Großlagenbezeichnung Schwarze Katz. Dementsprechend selten steckt ein guter Wein dahinter. Traurig, weil sich auch hier eine ganze Reihe exzellenter Lagen befindet. Am meisten sticht das WEINGUT ALBERT KALLFELZ heraus, wobei die beachtliche Leistung nicht so sehr im Spitzenweinbereich liegt, sondern in der riesigen Menge guter Basisweine – aus fast 45 Hektar Weinbergsbesitz! –, die sehr korrekt und ehrlich sind. Davon könnte die Mosel noch viel mehr gebrauchen. Die interessantesten Weine stammen aus der Spitzenlage Merler Königslay-Terrassen, die sich fast vollständig im Alleinbesitz des Hauses befindet.

Weingut Albert Kallfelz
Hauptstraße 60–62
D-56856 Zell-Merl
Tel. +49 (0)65 42/9 38 80
Fax +49 (0)65 42/93 88 50
E-Mail: info@kallfelz.de
www.kallfelz.de
Öffnungszeiten:
Mo.–Fr. 8–12 und 13–18 Uhr,
Sa. 9–14 Uhr, So. nach
Vereinbarung

Um zu schmecken, wie großartig die Weine aus diesem Landstrich ausfallen können, muss man nach Pünderich, der letzten Gemeinde der Terrassenmosel von der Flussmündung aus betrachtet, zum WEINGUT CLEMENS BUSCH. Bei keinem anderen Gut der Terrassenmosel ist die Qualität während des letzten Jahrzehnts derartig steil in die Höhe geklettert als bei Rita und Clemens Busch, die immer mehr von ihrem Sohn Florian unterstützt werden. Dahinter stecken eine absolut kompromisslose Haltung zur Qualität, unzählige Stunden Handarbeit und nicht wenig Mut zum Wagnis. Schon Ende der 1980er-Jahre zählten die ökologisch erzeugten Rieslinge der Buschs zu den beeindruckendsten trockenen Weinen des Gebiets. In kleinen Schritten haben sie ihre Ideen im Laufe der 1990er-Jahre weiter entwickelt und umgesetzt. 1993 hat das Paar den ersten trockenen Riesling unter dem Namen der Einzelparzelle, in der er gewachsen ist, der Felsterrasse, auf den Markt gebracht; ein Novum in Deutschland.

Weingut Clemens Busch
Kirchstraße 37
D-56862 Pünderich
Tel. +49 (0)65 42/2 21 80
Fax +49 (0)65 42/90 07 20
E-Mail: weingut@clemens-busch.de
www.clemens-busch.de
Öffnungszeiten:
nach Vereinbarung

Mit den 1999er Weinen, bei denen die Buschs ihre Angst vor der Edelfäule überwunden hatten, kam der größte Sprung nach vorn. Es waren plötzlich ganz andere Weine, die einen enormen Aromenreichtum aufwiesen, ungemein geschmeidig und trotzdem kein Deut breit oder übermächtig waren. Mit dem Jahrgang 2000 – ein sehr schwieriger Jahrgang – haben die Buschs gezeigt, dass die Qualität im

Vorjahr keine Ausnahmeerscheinung darstellte, und mit den sensationellen Weinen der folgenden Jahrgänge haben sie es geschafft, das Gut in der ersten Reihe im Gebiet und im deutschsprachigen Raum zu platzieren.

Die großen Weine des Guts stammen fast ausschließlich aus der Lage Pündericher Marienburg, deren steiler Kern am gegenüberliegenden Moselufer vom Fachwerkhaus der Familie Busch aus dem Jahre 1663 liegt. Der Reiz dieser Weine kommt keinesfalls allein von der Schönheit ihrer reifen Fruchtaromen oder ist allein auf die elegante Säure oder die feine Harmonie zurückzuführen, auch wenn alle Weine diese Vorzüge besitzen. Hier wie bei den anderen Spitzenerzeugern der Terrassenmosel geht es ganz extrem um den eigenständigen, ja, um den einmaligen Weincharakter.

Eimer für Eimer, Kiste für Kiste setzt Clemens Busch in Pünderich eine ganz eigene Riesling-Vision konsequent um.

Die herben Rieslinge aus dieser Lage gliedern sich in drei Gruppen. Zuerst kommen die trockenen Kabinettweine aus den am höchsten gelegenen Weinbergen unterhalb der Burg, wo es viel mehr Wind gibt als näher am Moselufer. Auch wenn diese Weine oft zwölf Volumenprozent natürlichen Alkohol aufweisen, bleiben sie schlank und rassig und duften nach weißen Pfirsichen. Die zweite

Gruppe, die trockenen Spätlesen, kommt aus dem mittleren Steilhang. Davon gibt es zwei Ausführungen, die etwas leichteren mit zwei Sternen und die deutlich üppigere und nachhaltigere Version mit drei Sternen. Neben diesen Weinen, zumindest etwa vom Preis vergleichbar, steht der feinherbe Riesling Vom roten Schiefer aus der Lage Pündericher Nonnengarten und Marienburg, dessen ausgeprägte Kräuterwürze mit feiner Saftigkeit verbunden ist. Viele bekannte Güter an der Mittelmosel haben in ihrer gesamten Geschichte noch keinen einzigen Wein wie einen dieser herben Busch-Rieslinge erzeugt, aber eigentlich fängt damit der Wahnsinn erst an!

An der Spitze des herben Sortiments stehen eine Reihe von Spätlesen aus dem untersten Drittel der Marienlay, wo der kleinklimatische Einfluss der Mosel deutlich bemerkbar ist und die Böden am tiefsten (wenn auch immer noch sehr steinig und karg) sind. Aus dem roten Schiefer gibt es den Weissenberg und vom grauen Schiefer den Falkenlay, Fahrlay, Fahrlay-Terrassen, Noa, Felsterrasse und ab 2006 den Rothenpfad (mit rotem Schiefer) als Siebtem im Bunde. Die Weine besitzen zwischen 12,5 und 14,5 Volumenprozent Alkohol und eine zarte unvergorene Traubensüße. Werte, die von Jahr zu Jahr und von Wein zu Wein unterschiedlich ausfallen. Manches bleibt aber konstant, vor allem die monumentale Mineralität, die bei aller Konzentration nie monolithisch oder erdrückend wirkt. Hinzu kommen die besonderen Nuancen jeder Parzelle, z. B. die extreme Kräuterwürze vom Weissenberg, die Noten von getrockneten Früchten im Falkenberg und die extreme Eleganz und Feinheit der Felsterrasse. Alle diese Weine gären wie bei Franzen und Heymann-Löwenstein etliche Monate und kommen normalerweise erst im September nach der Weinlese in den Verkauf.

Devonschiefer spaltet sich sehr leicht, und die Rebwurzeln können viele Meter tief in den Fels hineindrängen.

Darüber – in puncto Süße – liegen die Auslesen aus der Marienburg, die jetzt auch zum Teil unter den Namen der Einzelparzellen vermarktet werden, dann die Beerenauslesen und Trockenbeerenauslesen. Es sind ungeheuer kompakte Weine, zum Teil mit einem stahlfesten Säuregerüst, teils extrem cremig und geschmeidig. Den satten Noten von getrockneten Pfirsichen, Aprikosen und exotischen Früchten steht eine intensive mineralische Würze gegenüber. Wenn man diesen Wohlgeschmack erlebt, hat man das Gefühl, aus dem Tal zu steigen und zu steigen, bis alles reines Gold wird.

Terrassenmosel in Zahlen

	1905	1979	2005	Trend
Gesamtrebfläche :	1995 ha	2079 ha	1470 ha	↘
Weiße Rebsorten insgesamt	95% = 1895 ha	99,9% = 2078 ha	86,5% = 1.271 ha	↘
Riesling	85% = 1.695 ha	67,3% = 1399 ha	59,7% = 877 ha	⇨
Elbling	10% = 200 ha	5,9% = 122 ha	2,1% = 21 ha	⇨
Weißburgunder	–	–	2,6% = 39 ha	⬈
Müller-Thurgau	–	19,2 % = 399 ha	14,5% = 213 ha	⬇
Kerner	–	3,7 % = 77 ha	4,1% = 60 ha	⬇
Sonstige	–	3,9 % = 81 ha	3,5% = 51 ha	⇨
Rote Rebsorten insgesamt	–	<0,1 % = 1 ha	13,5% = 199 ha	⬈
Gemischter Satz	5 % = 100 ha	–	–	⇨
Spätburgunder	–	–	5,5% = 81 ha	⇨
Dornfelder	–	–	5,9% = 86 ha	⇨
Regent	–	–	1,2% = 17 ha	⬈
Sonstige	–	<0,1% = 1 ha	0,9% = 14 ha	⬈

Quellen: Die Zahlen für 1979 und 2005 stammen von dem Statistischen Landesamt Rheinland-Pfalz in Bad Ems. Die Zahl für die Gesamtrebfläche 1905 ist auf Basis des Preußischen Katasteramts berechnet worden.

WEITERE
EMPFOHLENE
WEINGÜTER

Weingut Freiherr von Heddesdorff
Am Moselufer 10
D-56333 Winningen
Tel. +49 (0)26 06/96 20 33
Fax +49 (0)26 06/96 20 34
E-Mail: weingut@vonheddes-dorff.de
www.vonheddesdorff.de
Öffnungszeiten: Mo.–Fr. 9–18 Uhr
Hier schwankt die Qualität, aber die gelungenen Weine können ganz toll ausfallen, zugleich ausdrucks-stark und rassig.

Weingut von Schleinitz
Kirchstraße 15–17
D-56330 Kobern-Gondorf
Tel. +49 (0)26 07/97 20 20
Fax +49 (0)26 07/97 20 22
E-Mail: info@vonschleinitz.com
www.vonschleinitz.com
Öffnungszeiten: Mo.–Fr. 9–12 und 15–18 Uhr, Sa 9–13 Uhr und nach Vereinbarung.
Konrad Hähns Weine sind oft duftig, fruchtbetont und charmant, ohne übermäßig vordergründig zu wirken.

Wein-Erbhof Stein
Brautrockstraße 40
D-56859 Bullay
Tel. +49 (0)65 42/9 01 91 19
Fax +49 (0)65 42/13 60
E-Mail: peter.stein@stein-weine.de

Haus Waldfrieden
Am Tannerd
D-56859 Alf
Tel. +49 (0)65 42/26 08
Fax +49 (0)65 42/15 36
E-Mail: ulrich.stein@stein-weine.de
www.stein-weine.de
Öffnungszeiten: nach Vereinbarung
Bei diesem ungewöhnlichen Doppel-Weingut liegt der Schwer-punkt bei charaktervollen trockenen Weinen aus den Lagen von Ürzig an der Mittelmosel bis zum Bremmer Calmont an der Terras-senmosel, aber auch aus der Allein-besitzlage Alfer Hölle unterhalb von Haus Waldfrieden. Dr. Ulrich Stein war einer der Pioniere des Rot-weinbaus an der Mosel und erzeugt nach wie vor beeindruckende Spät-burgunder, aber auch eine für die Mosel sehr seltene Rotwein-Cuvée aus Cabernet Sauvignon und Merlot.

HOTELS
UND
RESTAURANTS

ALF

Hotel Burg Arras
D-56859 Alf
Tel. +49 (0)65 42/2 22 75
Fax +49 (0)65 42/25 95
www.arras.de
Der Bergfried von Arras ist über 1000 Jahre alt, aber das Hotel in der Burg bietet auch modernen Komfort. Es liegt auf einem Berg ein wenig abseits der Mosel, mit sensationellem Blick in die Eifel. Der einzige Nachteil ist der fehlende Aufzug.
Preisniveau: €€€

DIEBLICH

Restaurant Halferschenke
Hauptstraße 63
D-56332 Dieblich
Tel. +49 (0)26 07/10 08
Fax +49 (0)26 07/96 02 94
E-Mail: info@halferschenke.de
www.halferschenke.de
Öffnungszeiten: Mo. Ruhetag, Di.–Sa. ab 17.30 Uhr, So. 11.30–15 Uhr und ab 17.30 Uhr
Die Küche von Thomas Balmes ist alles andere als spektakulär, aber er hat eine sehr sichere Hand für stimmige Kombinationen, das Ambiente passt perfekt dazu, und die Preise sind fair für diese Qualität freundlich. Das beste Restaurant an der Terrassenmosel!
Preisniveau: €€

NIEDERFELL

Hotel & Restaurant Kastanienhof
Moselstraße 47
D-56332 Niederfell
Tel. +49 (0)26 07/86 80
Fax +49 (0)26 07/96 12 48
E-Mail: hotel@kastanienhof-mosel.de
www.kastanienhof-mosel.de
Öffnungszeiten Restaurant: Mo. Ruhetag, Di.–Sa. ab 17 Uhr, So. 11.30–14.30 Uhr und ab 17 Uhr
Stefan and Naoko Schreiber führen ein sehr ansprechendes Restaurant, in dem die Küche gastronomische Höhenflüge bewusst vermeidet. Bei Vorbestellung gibt es auch gutes japanisches Essen. Das Hotel ist einfach, aber ordentlich ausgestattet.
Preisniveau: €

WINNINGEN

Gutsschänke Schaaf
Fährstraße 6
D-56333 Winningen
Tel. +49 (0)26 06/5 97
Fax +49 (0)26 06 /8 97
E-Mail: info@gutsschaenke.com
www.gutsschaenke.com
Öffnungszeiten: Mo. Ruhetag, Di.–Sa. 17–22 Uhr, So. ab 12 Uhr
Mit großem Hof und verwinkelten, atmosphärischen Innenräumen ist die Gutsschänke Schaaf ein wahrer Lichtblick in Winningen. Die Küche ist selbstbewusst bodenständig, aber auch sehr überzeugend; die Weinkarte klein, aber fein.
Preisniveau: €

ZELL

Panorama Hotel Drei Kronen
Merler Straße 4
D-56856 Zell
Tel. +49 (0)65 42/45 79
Fax +49 (0)65 42/45 29
E-Mail: info@mosel-dreikronen.de
www.mosel-dreikronen.de
Wie der Name andeutet, liegt das Hotel tatsächlich sehr schön und ist auch weniger touristisch als Zell selbst.
Preisniveau: €

SAAR, RUWER UND TRIER

Wir stehen nicht einfach in einem Gewölbekeller, sondern im dritten und tiefsten Geschoss eines Kellerkomplexes neun Meter unter der Erde zwischen Reihen von runden Fuderfässern, von denen jedes um die 1000 Liter Jungwein enthält. Von der Decke tröpfelt Wasser von Tausenden von Mini-Stalagtiten. Die Temperatur ist hier immer gleich, unabhängig von Jahreszeit und Wetter, und man bekommt ein Gespür für geologische Zeiträume. Der Winzer, der trotz Glatze und silbern durchwirktem Schnurrbart sehr agil wirkt, ist in seinem Element. Unversehens lässt er einen dünnen Gummischlauch durch das Spundloch eines der Fässer gleiten – es trägt mit Kreide auf dem Fassboden geschrieben die Nummer 28 – und zieht eine Probe. Der Wein ist ganz hell, schimmert im schwachen Licht ein wenig gelblich und grünlich, sieht also eigentlich nicht besonders aus, aber sein Duft und sein Geschmack: eine ganz feine Honignote von Blüten, wie sie auf den Wiesen dieses Tals im Sommer wachsen! Der Winzer, Hanno Zilliken vom WEINGUT ZILLIKEN in Saarburg/Saar, ist offensichtlich äußerst gespannt auf die Reaktion des Verkosters, der gleich noch einen zweiten Schluck von dem Jungwein nehmen muss, weil er so unwiderstehlich ist. Zur Honignote gesellen sich reife Zitrone, Aprikose und vieles mehr. Dabei ist der Wein im Geschmack überhaupt nicht ausladend, geschweige denn schwer, trotz der beachtlichen Traubensüße. Nein, er zeigt eine genauso erstaunliche Frische und Lebendigkeit wie reichhaltige Fülle. Der Verkoster stottert ein paar Worte und entschuldigt sich für seine schwache Beschreibung.

»Das ist sicher die beste Auslese des neuen Jahrgangs?«, endet sein dürftiger Kommentar. »Nein, überhaupt nicht, das ist das Tolle beim 2005«, freut sich Zilliken.

Aber er greift das Stichwort auf. Jetzt muss die beste Auslese des offensichtlich großartigen Jahrgangs erlebt werden, und der Verkoster folgt dem Hausherrn die Treppe hinauf ins mittlere Geschoss, wo eine kleine Gruppe Edelstahltanks steht.

Abseits im Rieslinghimmel

Von Stuart Pigott

Weingut Zilliken
Forstmeister Geltz
Heckingstraße 20
D-54439 Saarburg
Tel. +49 (0)65 81/24 56
Fax +49 (0)65 81/67 63
E-Mail: info@zilliken-vdp.de
www.zilliken-vdp.de
Öffnungszeiten:
nach Vereinbarung

SAAR, RUWER UND TRIER

🟩 WEINANBAU   🟫 STÄDTE & DÖRFER

🍇 Unsere Top Ten

Staatsgrenze

Sauer

Luxemburg

A64

L U X E M B U R G

Könen   **Konz**

Niederme

Filzen

Wawern   Kanzem

Krettnach

Wiltingen

Ayl

Ober

Schoden

Ockfen

Saarburg

Irsch

Serrig

Kastel-Staadt

8 🍇

Saar

↓ Merzig

↑
Norden
5 km

8 Kastel-Staadt
Mönchsklause von Schinkel

EIFEL

Mosel

Wittlich

A1

Ruwer

Mosel

A602

Eitelsbach

ier

Mertesdorf

Avelsbach

Kasel

vig

A1

Waldrach

Saarbrücken

Morscheid

Ruwer

49° 45′ NÖRDL. BREITE

6° 45′ ÖSTL. LÄNGE

D E U T S C H L A N D
R H E I N L A N D - P F A L Z

HANNOVER

DÜSSELDORF

BONN

FRANKFURT

LUXEMBURG

TRIER

HEIDELBERG

STUTTGART

STRASSBURG

»Die 28 hatte 140 Grad Öchsle, diese Auslese dagegen gut 160 Grad Öchsle, und es gibt mehr als ein Fuder davon«, erklärt der Winzer nüchtern, ohne zu protzen. Dabei bedeuten die Zahlen, dass die Auslese aus Fass 28 auf dem Papier eine dicke Beerenauslese ist und die Spitzenauslese des Jahrgangs laut Weingesetz als Trockenbeerenauslese vermarktet werden könnte. Sie duftet noch intensiver nach Blütenhonig, dazu kommt ein ganzer Korb voller exotischer Früchte, vor allem Ananas und Maracuja. Aber das wahre Wunder daran ist, dass der Wein noch brillanter schmeckt als der Vorgänger; die Säurefrische wirkt elektrisierend! Der Wein enthält zweifellos noch mehr Traubensüße, doch tritt sie nicht in den Vordergrund, und damit ist er vom Typus definitiv eine Auslese und keine Trockenbeerauslese, obwohl er die analytischen Voraussetzungen dafür erfüllt.

»Jetzt die echte Trockenbeerauslese«, kündigt Zilliken an, als er die letzte Probe aus einem kleinen Edelstahltank zieht. Nun ist es eher Waldhonig, was an den Wald oberhalb der Steillage Saarburger Rausch erinnert, wo diese Weine gewachsen sind, aber auch getrocknete Datteln und Feigen; eine immense Cremigkeit und Rasse zeigt diese Trockenbeerenauslese, trotzdem ist der ganze Wahnsinn überhaupt nicht zu viel für die Sinne oder Nerven!

■ Dieser Wein ist so scharf wie
dieses Messer!
Eberhard von Kunow, Weingut
von Kunow, Oberemmel/Saar

Diese Weinverkostung war nur eine von vielen des Jahrgangs 2005, und auch mit anderen Jahrgängen wie 2003, 2001 und 1999 gab es ähnliche Erlebnisse an der Saar. Hier gibt es eine ganz besondere Art des deutschsprachigen Weins, vergleichbar nur mit dem, was im Ruwertal auf der anderen Seite von Trier und in ein paar kleinen Tälern zwischen Saar und Ruwer wächst.

Liegt das Moseltal schon weit abseits der großen Ballungsgebiete Deutschlands, dann liegt die Wein-Saar nochmals abseits der Mosel und weit entfernt vom Industriegebiet um Saarbrücken. Das war aber nicht immer so. Bis zur Wirtschaftskrise der 1920er-Jahre gab es bis Saarbrücken

Weinberge, und in der letzten Fassung der preußischen Weinbergsklassifizierung des Gebiets von 1905 hatten die Lagen von Kleinblittersdorf bei Saarbrücken nach Wiltingen die zweithöchsten Bewertungen an der Saar! Warum sind sie dann so schnell und komplett verschwunden?

An der Saar befinden wir uns an der klimatischen Grenze für die Erzeugung von hochwertigen Rieslingen. In historischen Aufzeichnungen ist die Rede von durchschnittlich drei sehr guten oder herausragenden Jahrgängen, vier guten Jahrgängen und drei schwachen bis schlechten Ernten pro Jahrzehnt.

»In einem schlechten Jahr legen wir drauf«, Egon Müller vom Weingut Egon Müller-Scharzhof bei Wiltingen, der berühmteste Erzeuger der Saar, macht klar, dass eine klimatische Randlage auch immer ein wirtschaftliches Risiko ist.

Flussaufwärts war das noch extremer als zwischen Konz und Serrig, wo heute noch Weinbau betrieben wird. Wenn ein Winzer nicht entsprechende Preise für die Weine der guten Jahrgänge erzielte, dann überstand er schwache und schlechte Jahrgänge nicht lange.

Die besondere klimatische Situation wird von Experten immer wieder als besondere nördliche Art der Saarweine bezeichnet, was an sich ein Paradox ist, weil die Saar eindeutig der südlichste Teil von Saar, Ruwer und Mosel ist, in dem die Rieslingrebe im Vordergrund der Qualitätsweinerzeugung steht. Ein Blick auf die Karten von Saar-Ruwer und Mittelmosel genügt, um eine andere Besonderheit klarzumachen: Große geschlossene Weinbergsflächen wie an der Mittelmosel oder um Winningen an der Terrassenmosel gibt es weder an der Saar noch an der Ruwer. An der Saar ist die Abwechslung von steilen Weinbergen, Wiesen im Tal und Wald auf der Höhe auffällig, sie verleiht dieser Landschaft einen ganz eigenen Reiz. Die Saar fließt tendenziell von Süden nach Norden, und die Weinberge sind fast nur auf nach Südosten bis Südwesten ausgerichteten Hängen zu finden, die sich in Seitentäler hinein erstrecken. Ganz wenige Saarlagen liegen in direkter Flussnähe, wie es so häufig an der Mittelmosel der Fall ist. Durch diese Seitentäler bläst der Wind oft und stark; wieder ganz anders als an der Mittelmosel, wo das geschwungene und tief eingeschnittene Tal den Wind weitgehend ausschließt.

Lage
Laut Weinrecht bestimmte Rebfläche (Einzellage) oder die Zusammenfassung solcher Flächen (Großlage) einer oder mehrerer Gemeinden eines Anbaugebiets.

*Das Flaschenlager im Gewölbe-
keller des Weinguts Zilliken befindet sich tief unter der Erde.*

Weinberge sind heute an der Saar, der Ruwer und in den kleineren Weintälern südlich von Trier beinahe ausschließlich dort zu finden, wo die Traube genug Sonne bekommt, um oft reif zu werden. Und dank der Klimaerwärmung erreichen die Rieslingtrauben in diesen Tälern immer häufiger die volle Reife; nirgends im deutschen Weinraum hat die Klimaerwärmung so eindeutig positive Auswirkungen auf den Weinbau wie hier. 1996 gab es zum letzten Mal eine nennenswerte Zahl von Rieslingweinen mit für Saar- und Ruwerweine aus schwachen Jahrgängen so typischer grasig-grüner Note und kantig-apfeligem Geschmack. Der letzte richtig schlechte Jahrgang, in dem kaum trinkbare Weine erzeugt wurden, war 1984. Es hat seitdem auch ein immenser Wandel stattgefunden. Wie an der Mosel haben viele Nebenerwerbswinzer aufgehört, und mittelmäßige Steillagen an Saar und Ruwer sind aus der Bewirtschaftung gefallen. Außerdem haben die niedrigen Weinbergspreise und die bessere Klimasituation die führenden Weingüter zu Wachstum ermutigt. Jetzt stellen sie einen wesentlich größeren Anteil der Gesamtproduktion dar, was auch dem Image des Saarweins zugute gekommen ist.

Aber zurück zum Weingut Zilliken und Hanno Zillikens Rieslingen. »Wie Schmetterlinge«, beschreibt er seine Weine immer wieder und meint damit, dass sie trotz ihrer Pracht so leicht wirken, als würden sie schweben. Es ist eine treffende Metapher, und 2002 ist daraus auch ein konkretes Produkt entstanden, der heutige Basiswein des Guts, ein feinherber Riesling namens Butterfly. Von dieser rassig-spritzigen und schlanken Schönheit, die tatsächlich schmetterlingshaft wirkt, gibt es gut 30 000 Flaschen pro Jahr; ungefähr die Hälfte der Gesamtproduktion aus den 10,5 Hektar des Weingutes. Die wenigen und in kleinen Auflagen erzeugten trockenen Rieslinge des Guts haben es neben dem Butterfly, der sowohl unkomplizierter Essensbegleiter als auch idealer Solo-Riesling ist, ein wenig schwer. Sie sind immer mineralisch und charaktervoll, dabei in der Säure nie zu spitz – ein häufiges Problem bei trockenen Saarweinen –, aber sie erreichen nie die Beschwingtheit des Schmetterlings.

Dann geht es den Saarburger Rausch über die Riesling-Treppe hinauf, deren Stufen Kabinett, Spätlese, Auslese,

Auslese Goldkapsel, Auslese lange Goldkapsel, Beerenausle-se, Trockenbeerenauslese/Eiswein heißen. Mit jeder Stufe steigt die Geschmackskonzentration unnachgiebig, bis man am Gipfel dem Äußerstmöglichen extrem nahe kommt. Kabinett und Spätlese zeigen immer sehr deutlich den besonderen mineralischen Ton des Rausches – der nach dem Wasserfall in der malerischen Altstadt unterhalb der Burg benannt ist. Es ist eine härtere, dunklere Note als der Schieferton eines typischen Mittelmoselweins; neben Grauschiefer gibt es im Rausch-Boden auch Diabas, der vulkanischen Ursprungs ist. Diese Note ist aber immer mit sehr feinen Fruchtnoten gepaart. Analytisch weist bereits der Rausch Kabinett bedeutende Süße und ausgeprägte Säure auf, und diese Werte steigen mit der Dichte. Trotzdem wirkt dies im Glas nie süß-sauer, sondern wie ein tänzerisches Spiel zwischen zwei Geschmackspolen.

So aufregend wie eine junge, rassig-dichte Rausch Spätlese und wie prächtig das Aromenmosaik und wie strahlend der Säureschweif einer Rausch Auslese auch sein können, ist das doch nur eine Seite ihrer Herrlichkeit. Die andere ist ihre zeitlose Lebendigkeit im Alter von zehn, 20, 30 und mehr Jahren. Dann sind diese Weine noch komplexer und feiner im Duft, noch puristischer und edler im Geschmack. Im Gutshaus selbst wird mit großer Selbstverständlichkeit eine Kultur des gereiften Weins gepflegt. Hanno Zilliken und seine Frau Ruth wissen für jeden ihrer Rieslinge genau das passende Gericht. So ruft etwa ein junger Kabinett aus dem Rausch oder Ockfener Bockstein (eine berühmtere Lage als der Rausch, in der das Gut eine kleine Fläche besitzt) nach einem süßlich-scharfen asiatischen Gericht, das jedoch einem gereiften trockenen Riesling das Genick bräche. Die asiatische Orientierung im Hause Zilliken ist neueren Datums, sie basiert auf überraschenden Erlebnissen auf dem »Cuisines of the Sun Festival« in Hawaii, wo die Küche der scharfen Gewürze von Mexiko bis Thailand gefeiert wird. So konstant die Grundzüge dieser Weinwelt sind, ist das Ganze jedoch keinesfalls statisch.

Hannos und Ruths Tochter Dorothee ist mit alledem aufgewachsen, hat Weinbau an der Fachhochschule in Geisenheim/Rheingau studiert und bereitet sich auf eine schrittweise Übernahme des Guts vor. In jeder Hinsicht scheint es bei den Zillikens eine nahtlose Verbindung zwischen Ver-

Nachfolgende Doppelseite: Zeitlos! Hanno Zilliken bei der Arbeit in der Tiefe seines Saarburger Kellers, wo Temperatur und Luftfeuchtigkeit unabhängig von der Saison konstant bleiben.

gangenheit, Gegenwart und Zukunft zu geben. Doch dann erwartet einen ein großer Schock: Tritt man nach der spektakulären Verkostung aus den Tiefen des Kellers, steht man in der Heckingstraße 20 vor einem unauffälligen modernen Vororthaus. Dass diese wahre Hochkultur des deutschsprachigen Weins nicht in einem entsprechenden Gebäude residiert, ist der Punkt, an dem die Brüche und Tragödien des 20. Jahrhunderts deutlich werden. Das ursprüngliche Gutshaus ist im Zweiten Weltkrieg vernichtet worden.

Auch wenn diese Situation der Zillikens eine ganz spezifische ist, wiederholen sich andernorts viele Elemente davon. Im Vorort Beurig am rechten Flussufer neben dem Saarburger Bahnhof beispielsweise steht ein Haus mit einem großen Gewölbekeller darunter – der größte des Tals –, wo ausschließlich Fuderfässer liegen, in denen rassige Saar-Rieslinge reifen. Auch hier stehen die Weine der Saarburger Rausch im Vordergrund, und auch hier tritt die Tochter an, das Gut zu übernehmen. Doch dann enden auch die Parallelen zu den Zillikens. Das imposante Haus des WEINGUT DR. WAGNER aus dem späten 19. Jahrhundert spricht Bände über die florierenden Geschäfte der Gründerzeit. Das 1880 gegründete Gut, zu dem das 1913/14 errichtete Schloss Saarfels gehörte, war mit seinem Sekt ausgesprochen erfolgreich.

Heinz Wagner hat vor etwa einem halben Jahrhundert die Verantwortung für den Keller übernommen und hält nach wie vor an den Traditionen des Gebiets fest. Das bedeutet, dass der normale Wein entweder trocken oder feinherb ist, während der süße Riesling als seltene Krönung des Sortiments gesehen wird. Hier ist trotz Klimaerwärmung der seit Generationen gefeierte stahlige Geschmack des Saarweins jedes Jahr zu erleben. Auch im Jahrhundert-Jahrgang 2005 zog sich eine markante Säure durch die gesamten trockenen Rieslinge vom Basiswein aus der Saarburger Kupp bis hin zur kernig-kühlen trockenen Spätlese aus dem Rausch. Im Zeitalter kuscheliger Konsumweine aus Übersee und nicht weniger seichter Nachahmungen aus Europa spaltet das mehr denn je. Aber dieser Stil steht nicht zur Diskussion, das erschiene Heinz Wagner und seiner Frau Ulrike absurd – er ist ihre Winzerhandschrift.

Mit der Umstellung von halbtrockenen Rieslingen mit neun bis 18 Gramm pro Liter unvergorener Traubensüße

Weingut Dr. Wagner
Bahnhofstraße 3
D-54439 Saarburg
Tel. +49 (0)65 81/24 57
Fax +49 (0)65 81/60 93
E-Mail: drwagner@t-online.de
www.weingutdrwagner.de
Öffnungszeiten:
nach Vereinbarung

Stahlig
In alten Weinbüchern werden Saarweine häufig als »stahlig« beschrieben. Damit ist ihre oft säurebetonte, gradlinige Art gemeint. Durch die globale Erwärmung sind sie allgemein deutlich milder in der Säure geworden, aber einige Erzeuger bemühen sich stark um den Erhalt des stahligen Saarweins.

auf feinherbe Weine mit knapp über 20 Gramm pro Liter
hat letztens zwar eine kleine Veränderung stattgefunden,
doch ist das bei vielen Produzenten an Saar, Ruwer und Mosel der Fall. Wer Heinz Wagners trockene Weine zu extrem
findet, wird wahrscheinlich mit seinen sehr harmonischen
und charaktervollen feinherben Rieslingen glücklich. Am
elegantesten von ihnen ist die Spätlese aus der Rausch, aber
bereits der Qualitätswein aus dieser Lage duftet fein nach
wilden Brombeeren und Hagebutten und hat richtig Substanz; hier ist »Qualitätswein« kein leeres Wort! Das gilt genauso für den Bereich der natürlich süßen Weine, die eine
besondere Prägung und Balance besitzen, weil Wagner sie
als leidenschaftlicher Trockenweintrinker erzeugt. Besonders den eleganten Kabinett-, Spätlese- und Ausleseweinen
aus dem Ockfener Bockstein kommt dies zugute. In ihnen
ist die Saar-Rasse ausgeprägt, aber auch geschliffen. Sie duften heiter nach Blüten und Pfirsich und erinnern ein wenig
an die Mittelmosel. Die Süße ist stets verhalten im Vergleich
mit den Weinen anderer Spitzenerzeuger an der Saar. Hochwertige edelsüße Weine gibt es beim Weingut Dr. Wagner
sehr selten, weil Heinz Wagner von der Welt der »hochwertigen Normalität« so fasziniert ist. Ob Tochter Christiane
das nach der Übernahme der Betriebsführung ändern wird,
ist noch offen.

W enn man von Beurig durch den Staatsforst Saarburg
Ost nach Süden fährt und dem Schild zum Weingut
Schloss Saarstein folgt, kommt man am Rande des Walds
mit Blick über den Fluss in die Ferne zu einer Weininsel, auf
der alles etwas anders ist. Das beginnt bereits im Weinberg,
wo Weißburgunder einen wichtigen Platz (1,3 Hektar) neben dem Riesling (rund zehn Hektar) einnimmt. Er wird unter dem französischen Namen der Sorte vermarktet, Pinot
blanc, und schmeckt ganz anders als jeder andere Saarwein
nach frischen Nüssen, saftig-cremig mit zarter Frische. Er
ist nicht nur ein Verkaufserfolg, sondern auch der Beweis dafür, dass zumindest in begrenztem Maß an der Saar neben
säurebetontem Riesling auch andere Weine möglich sind.
    Die geborene Fränkin Andrea Ebert betont, dass Schloss
Saarstein »eine Boutique ist statt einer Fabrik, wo alle Weine gleich schmecken«, doch zeichnet alle trockene Rieslinge
des Guts eine gemeinsame Stilistik aus. Dazu gehören eine

Weingut Schloss Saarstein
D-54455 Serrig
Tel. +49 (0)65 81/2324
Fax +49 (0)6581/65 23
E-Mail: info@saarstein.de
www.saarstein.de
Öffnungszeiten:
nach Vereinbarung

Die Saar bietet an manchen Stellen wildromantische Ausblicke wie diesen.

Weingut von Othegraven
Weinstraße 1
D-54441 Kanzem
Tel. +49 (0)6501/15 00 42
Fax +49 (0)65 01/1 88 79
E-Mail: info@von-othegraven.de
www.von-othegraven.de
Öffnungszeiten:
nach Vereinbarung

pointierte, aber nicht aggressive Säure und klare Fruchtnoten, vor allem schwarze Johannisbeere und Zitrone. Der vornehmste dieser kleinen Familie ist die trockene Spätlese aus den Rieslingreben der Lage Serriger Schloss Saarstein, die 1943 im Hausberg gepflanzt wurden. Es ist eine echte Rarität; alte Reben sind an Saar und Ruwer deutlich seltener als an der Mosel. Mit diesem Wein wagte Christian Ebert 1990 als erster namhafter Saarerzeuger zwölf Volumenprozent natürlichen Alkohol in einem hochwertigen trockenen Riesling. Der Wein hat neben reifem schwarzen Johannisbeeraroma auch eine ausgeprägte Würze, gute Dichte und Schliff; er ist längst ein etablierter Klassiker und solche Alkoholwerte fast eine Selbstverständlichkeit.

Ähnlich verhält es sich beim feinherben Saarstein Riesling, einem ansprechend saftig-verspielten Wein, der knapp über die Hälfte der Gesamtproduktion des Gutes darstellt und in den USA ein großer Erfolg ist. Bei vielen führenden Saar-Weingütern ist der Exportanteil seit Jahrzehnten sehr hoch; bei Schloss Saarstein sind es *nur* 60 Prozent. Ein wichtiger Wein für dieses Geschäft, der im Inland unverdient wenig Beachtung findet, ist die Riesling Spätlese mit natürlicher Süße, das Pendant zur trockenen Version. Dieser Wein wirkt sehr duftig – je nach Jahrgang: Holunderblüte, Walderdbeere, Stachelbeere – und ist von zarter Cremigkeit und pikanter Säurefrische geprägt. In gesteigerter Form findet man die gleichen Vorzüge in den hochwertigen Auslesen, die regelmäßig erzeugt werden, wenn auch in kleinen Mengen.

Einer der wenigen Saar-Weinberge mit einem direkten Blick über den Fluss ist der Kanzemer Altenberg. Jahrhundertelang genoss er den Ruf einer absoluten Saar-Spitzenlage. Das wird besonders verständlich, wenn man ihn von der Kanzemer Brücke aus betrachtet. Die nach Südosten exponierte Lage am rechten Ufer der Saar gleicht einer rebenbedeckten Wand; eine einmalige Erscheinung an der Saar. Dass der Altenberg heute nicht mehr so glänzt wie früher, hat seine Ursache in dem Dornröschenschlaf, in den der wichtigste Kanzemer Erzeuger, das WEINGUT VON OTHEGRAVEN, ab Mitte der 1970er-Jahre 20 Jahre lang gefallen war. Im Kontext der langen Betriebsgeschichte des Weingutes erscheint das allerdings wie ein kurzes Intermezzo. Die ersten schriftlichen Erwähnungen des um etwa 1500 entstandenen Guts stammen von 1654, als die Familie von Metzhausen es an ihren Verwandten, den Trierer Erzbischof Johann VI. von der Leyen, verkaufte. Seine Nachfolger veräußerten es wiederum 1805 an die Trierer Familie Grach, und von da gelangte es durch Erbfolge an Dr. Heidi Kegel, die heutige Besitzerin.

Es gestaltete sich schwierig, das Gut aus seinem tiefen Schlaf zu rütteln. Als Heidi Kegel den Betrieb 1995 übernahm – »Ich habe mich nicht dafür entschieden… ich bin da hineingerutscht« –, waren zahlreiche und weitgehende Entscheidungen nötig, um das Gut wieder auf Vordermann zu bringen. Mit großer Entschlossenheit, aber auch Feingefühl und Geduld ging die resolute Frau an die Arbeit. Der erste entscheidende Schritt war Ende der 1990er-Jahre die Anstellung von Stefan Kraml, der heute Betriebsleiter beim Weingut Maximin Grünhaus an der Ruwer ist (siehe Seite 134). Kraml polierte erst einmal die trockenen und feinherben Othegraven-Weine schrittweise auf. Nach seinem Weggang 2004 kam dann die Anstellung des heutigen Teams, allen voran Swen Klinger als Verwalter und Andreas Barth vom Weingut Lubentiushof in Niederfell/Terrassenmosel (siehe Seite 94) als Kellermeister. Barths täuschend simpel klingender Vorsatz lautet hier genau wie im eigenen Gut, so viel wie möglich der Natur zu überlassen, nachdem man für optimale Trauben und ihre saubere Kelterung gesorgt hat. Damit haben die Weine mit natürlicher Süße schlagartig ihre historische Größe zurückgewonnen, und das Gut steht wieder mit ganz vorn an der Saar.

Der Altenberg genießt ein derart warmes Kleinklima, dass auch die Kabinettweine oft ungewöhnlich stark für die Saar ausfallen; 2005 war der geringste Most aus dem Altenberg dem Weingesetz nach eine dicke Auslese. Die Riesling Spätlesen mit natürlicher Traubensüße zeigen den besonderen Charakter dieser wahren Ausnahmelage am deutlichsten. Ihr Duft vereint eine betörende Pfirsichnote – bei den besten Abfüllungen wirkt sie fast wie eine Pfirsichessenz! – mit feinnuancierter Würze. Egal, wie ausgeprägt der Schmelz des Weins ist – und die besten Abfüllungen sind außergewöhnlich reichhaltig für die Saar –, steht dem doch stets eine nicht weniger erstaunliche Frische gegenüber; alle Geschmackselemente, die den Eindruck von

Kleinklima
Klima eines kleinen geographischen Raums, etwa einer Lage oder gar Parzelle.

Saar-Ruwer-Trier schmecken

SAAR RIESLING TROCKEN
Weingut van Volxem/Wittlingen

Das ist der Prototyp des neuen Saarweins, der die Säure bewusst in den geschmacklichen Hintergrund drängt, um reife gelbe Früchte (selbstverständlich auch der Pfirsich!) und eine gewisse Geschmeidigkeit neben der Frische im Vordergrund zu platzieren. Kein Anflug der stahligen Art, wofür das Tal berühmt ist, aber trotzdem überzeugend!

MOLARIS L. RIESLING FEINHERB
Weingut Karlsmühle/Mertesdorf-Lorenzhof

Vergiss halbtrocken, lang lebe feinherb! Warum? Weil diese Balance prädestiniert ist für Ruwer-Rieslinge, wie dieses Kraftpaket mit dem Duft nach Rosen und Veilchen beweist. Hier ist ein herber Wein aus dem hohen Norden, der die Frische des kühlen Klimas mit der nötigen Harmonie und Substanz paart, um einem herzhaften Essen Paroli zu bieten.

SAARBURGER RAUSCH RIESLING KABINETT
Weingut Zilliken/Saarburg

Brillanz steckt hinter dem Weltruf des Saarweins – heute genauso wie vor etwa 150 Jahren, als die Weine des Saartals aus dem Schatten der Mittelmosel-Weine getreten sind. Ein ungeheuer mineralischer Riesling, dessen Säure förmlich auf der Zunge vibriert und dabei Aprikosen- und reife Zitronenaromen wie Bälle in der Luft jongliert.

OBEREMMELER HÜTTE RIESLING SPÄTLESE
Weingut von Hövel/Oberemmel

Nach der (überholten) Weinregel hat solch ein Wein keinen Platz auf dem Essenstisch, aber wer die asiatische Schärfe mag, findet hier einen kongenialen Partner dazu. Saft, Saft und noch mehr Saft bietet dieser Wein und ist trotzdem nicht ausladend, geschweige denn klebrig oder plump.

KASELER NIES'CHEN RIESLING SPÄTLESE ALTE REBEN
Weingut Erben von Beulwitz/Mertesdorf

Weil der typische deutsche Weintrinker immer noch solche genialen Weine mit natürlicher Süße ablehnt, gibt es sie für ganz erstaunliche Preise – noch! Pfirsich Melba und ein Hauch von Maracuja im Duft und trotzdem keine Spur von Kitsch – zugleich rassig, kühl und lange fällt das strahlende Finale aus… und irgendwo gibt es auch Traubensüße.

Schwere erwecken könnten, werden von der mineralischen Säure ausgeglichen. Der Nachklang wirkt immer so leicht und heiter wie der einer zierlichen Glocke. Die Grenze zur Auslesekategorie ist eher fließend, die von der Edelfäule herrührende Honignote wird graduell auffälliger. Die Beerenauslesen und die Trockenbeerenauslesen balancieren zwischen üppiger Cremigkeit und brillanter Frische wie auf der Spitze einer Nadel und wirken dadurch überhaupt nicht anstrengend oder gar erschlagend.

Die Situation ist dennoch eine etwas andere als die zur Glanzzeit unter Maximilian von Othegraven und seiner Frau Maria von 1947 bis 1976. Dr. Kegel hat bedeutende Flächen in den Spitzenlagen Wiltinger Kupp und Ockfener Bockstein gekauft; vorher war die ganze Aufmerksamkeit auf den Altenberg gerichtet. Es steht zwar nicht auf dem Etikett, doch ist den einfachen Riesling trocken und Riesling feinherb anzumerken, dass es sich typischerweise um Cuvées aus Altenberg- und Bockstein-Weinen handelt. Trotz der schlichten Bezeichnungen sind es ausdrucksstarke Rieslinge mit feinen Aromen weißer Früchte und frischer Kräuter. Deutlich substanzreicher fällt der fast trockene Riesling Maximus aus, mit ausgeprägten Blüten- und Mineralnoten und nachhaltiger, eleganter Rasse. Er ist der Zweitwein des Gutes bzw. der kleine Bruder des großen herben Kanzem Altenberg Riesling. Der 2005er davon ist in mehreren Hinsichten gigantisch zu nennen, nicht zuletzt wegen seines Alkoholgehalts von 14 Volumenprozent. Das ist völlig untypisch für die Saar, und doch wirkt der Wein nicht im geringsten ausladend oder fett, geschweige denn alkoholhitzig oder brandig. Dem einhüllenden Duft nach weißem Pfirsich und Gardenien folgt eine wahre mineralische Welle am Gaumen, die von feinem Schmelz und hocheleganter Säure getragen wird. Es ist eine neue Dimension des herben Saarweins!

Als Roman Niewodniczanski 1999 das heruntergewirtschaftete WEINGUT VAN VOLXEM in Wiltingen übernahm, lautete sein Vorhaben, einen radikal neuen Stil des Saar-Rieslings als herben Wein für den Essenstisch zu erfinden. Ganz neu war diese Idee allerdings nicht. Bereits sein Vorgänger als Gutsbesitzer, Peter Jordan, deutete mit manchen seiner Weine in diese Richtung. Trotzdem hat der energische, hochgewachsene Niewodniczanski, Sohn eines

Weingut van Volxem
Dehenstraße 2
D-54459 Wiltingen
Tel. +49 (0)65 01/1 65 10
Fax +49 (0)65 01/1 31 06
E-Mail: vanvolxem@t-online.de
www.vanvolxem.de
Öffnungszeiten:
nach Vereinbarung

der Hauptaktionäre der Bitburger Brauerei, ein neues Kapitel in der Geschichte des Saarweins aufgeschlagen. Zu seinen Grundprinzipien gehörte von vornherein ein extremes Qualitätsstreben: Wenn sich seine führenden Saar-Kollegen mit 45 Hektoliter pro Hektar Durchschnittsertrag zufrieden geben, schraubt er auf 35 Hektoliter pro Hektar hinunter; wenn sie die Lese oft bis weit in den November hinausziehen, dann schiebt er sie bis in den Dezember; wenn sie manche ihrer Weine drei bis vier Monate lang mit natürlichen Hefen gären lassen, zieht sich die Spontangärung bei ihm bis in den darauffolgenden Sommer. Diese Auf-Teufel-komm-raus-Strategie zielt darauf, noch dichtere und geschliffenere Rieslinge als seine Kollegen zu erzeugen. Niewodniczanski träumt von herben Weinen mit einer Harmonie, die Vergleiche mit den Giganten der Welt des trockenen Weißweins zulassen. Diesem Traum ist er treu geblieben und hat damit eine große Medienresonanz erreicht. Das hat nicht nur für ihn Bedeutung, es sendet ein wichtiges Signal für das gesamte Gebiet und hat für eine Reihe von Saarjungwinzern Vorbildfunktion.

Der Weg dahin war nicht immer einfach. Geld ermöglichte zwar die stilvolle Renovierung eines eleganten Gutshauses mit holzgetäfeltem Jugendstilsaal und die optimale kellerwirtschaftliche Ausrüstung – und auch einen Aston-Martin-Sportwagen auf dem Parkplatz –, aber Weinqualität ist nicht einfach so zu kaufen. Die Weine aus den Jahrgängen 2000, 2001 und 2002 waren ein starkes stilistisches Statement: substanzreich und füllig mit reifer Säure und Aromen, die eher an Trockenfrüchte als an frische Früchte erinnerten, daneben würzige, mineralische und balsamische Noten – allesamt faszinierend, gelegentlich aber recht süß und/oder weich in der Säure. Diese Probleme spitzten sich 2003 weiter zu, manche dieser Weine wirkten schwerfällig und/oder schmeckten in ihrer Jugend aufgrund einer unglücklich verlaufenen malolaktischen Gärung butterig. 2004 verließ Niewodniczanskis erster Verwalter und Kellermeister Gernot Kollmann den Betrieb, um eine selbständige Karriere als beratender Önologe zu verfolgen (siehe Seite 90), und der junge Dominik Völk aus Volkach/Franken übernahm die tägliche Führung und den Keller. Seitdem hat ein bedeutender Wandel stattgefunden, und Niewodniczanski kommt mit seinem Vorhaben in großen Schritten voran.

Malolaktische Gärung
Auch Biologischer Säureabbau oder Milchsäuregärung: Zweite Gärung, die bei Rotweinen erforderlich und bei manchen Weißweinen erwünscht ist. Dabei wird die »unreife« Apfelsäure nach der alkoholischen Gärung von Bakterien in die mildere Milchsäure umgewandelt.

»Mein Qualitätskonzept fängt mit dem Boden an«, erklärt er, »ohne Wasser im Boden gibt es keinen Extrakt im Wein.« Immense Mengen an Humus werden in den Weinbergen verteilt – bei 70 Prozent steilem Gelände nicht gerade ein einfaches Unterfangen –, um die Wasserspeicherfähigkeit des Bodens zu steigern. Viel wird getan, um das

Der Kanzemer Altenberg; an der Saar liegen intensiv bewirtschaftete Spitzenlagen und stille Natur dicht beieinander.

Bodenleben zu aktivieren, teilweise nach biodynamischen Richtlinien, obgleich sich Niewodniczanski gegen die übliche Polarisierung von konventionell/ökologisch-biodynamisch verwahrt. Wie im 19. Jahrhundert üblich, wird in manche Lagen zusätzlicher Schiefer hineingetragen. Dazu kommt sehr intensive Laubpflege, angefangen mit dem Ausbrechen von Doppeltrieben, um die Kraft der Rebe auf wenige, möglichst stabile Triebe zu konzentrieren.

»Ich kämpfe nicht um Öchsle bzw. um Zucker, sondern um Aroma und reife Säure«, betont der Saarwinzer. Aus diesem Grund legt er großen Wert auf das richtige Pflanzmaterial; sämtliche zwischen 1980 und 2000 gepflanzten Reben wurden ausgerissen, weil es sich um Klone handelt, die auf Mengenertrag und Zuckerbildung selektioniert wurden.

Bei der Weinbereitung gelten die gleichen Grundprinzipien wie früher, sie werden aber pragmatischer und differenzierter umgesetzt. Das Ergebnis sind Weine mit dem gleichen Schmelz wie seit dem (ersten) Jahrgang 2000, die aber deutlich weniger zur Schwere neigen. Trotz röstiger und rauchiger Hefenoten von der langen Gärung – die sich jedoch mit der Flaschenreife allmählich abbauen –, sind die aktuellen Weine in ihrem Charakter sehr stark vom Terroir geprägt. Die Scharzhofberger zeigen heitere Fruchtaromen und sind trotz ihrer großen Kraft von schlanker Silhouette, während die Weine aus der Nachbarlage Wiltinger Braunfels dunkler in der Aromatik und wesentlich mächtiger wirken, fast dominant, vor allem der Wein aus der Einzelparzelle Volz. An der Spitze des Sortiments steht der enorm konzentrierte und komplexe Wiltinger Gottesfuss Alte Reben, aus über 100-jährigen Reben in der kleinen, nach Südwesten ausgerichteten Spitzenlage nördlich von Wiltingen, wo die Saar nach Westen schwenkt. Der kühle, zartere Kanzemer Altenberg Alte Reben liegt zwar auf demselben Preisniveau, hält jedoch in puncto Nachhaltigkeit nicht ganz mit. Es ließe sich hingegen durchaus argumentieren, dass die größte Leistung des Betriebs seine Standardweine Saar Riesling und Saar Riesling Alte Reben sind. Sie sind nicht nur sehr gelungen, sondern wesentlich günstiger und werden in größeren Mengen erzeugt.

Andere Winzer arbeiten schon länger an dem Projekt neuartiger herber Saar-Rieslinge. Claudia und Manfred Loch führen den nur 2,9 Hektar großen WEINHOF HERRENBERG – als Autodidakten dürfen sie ihren Betrieb nicht Weingut nennen, obwohl es genau das ist. Claudia war Röntgenassistentin und Manfred Kfz-Mechaniker bei der Bundeswehr, als sie 1992 ihren ersten Wein von einem 0,2 Hektar großen Weinberg erzeugten. Ihnen war von Anfang an klar, dass nur ökologischer Weinbau in Frage kam, aber sonst haben die zwei ganz pragmatisch schrittweise ihren Weg gefunden. Obwohl herbe Weine ihr eigentliches Ziel sind, erzeugen sie in Jahrgängen mit üppiger Reife wie 1999 oder 2005 eine ganze Palette an edelsüßen Rieslingen, um das natürliche Potential der edelfaulen Trauben am besten zum Ausdruck kommen zu lassen. Genauso undogmatisch wird im Keller gearbeitet, wo die Holzfässer auf Grund eines Kellerneubaus – banale Platzgründe! – durch Edelstahltanks ersetzt wurden. Die Spontangärung wird zwar vor-

Weinhof Herrenberg
Hauptstraße 80–82
D-54441 Schoden
Tel. +49 (0) 65 81/12 58
Fax +49 (0) 65 81/99 54 38
E-Mail: info@lochriesling.de
www.lochriesling.de
Öffnungszeiten:
nach Vereinbarung

Ökologischer Weinbau
Innerhalb der EU-Richtlinien für den Ökologischen Landbau geregelter Weinbau. Die Standards des Ökologischen Weinbaus sind am schärfsten in privatrechtlichen Anbauverbänden wie Ecovin, Bioland, Naturland oder Demeter formuliert.

gezogen, aber fallweise werden auch Reinzuchthefen einge-
setzt, wenn die Trauben nicht ideal aussehen, wie beim kom-
pletten Jahrgang 2000.

Einzig im Weinberg gehen die Lochs extrem unpragma-
tisch vor; die Durchschnittserträge sind bedingt durch ökologischen Anbau und die Vertico-Erziehung nach der Me-
thode von Prof. Cargnello in den Steillagen (Grundprinzip:
sehr viele Blätter versorgen sehr wenig Trauben) die nied-
rigsten der gesamten Saar. In Verbindung mit sehr später
Lese führt dies zu »den leckersten Trauben weit und breit,
was inzwischen auch die Wildschweine wissen«, wie Manfred Loch halbironisch erzählt. Die Kombination von wenig
Fläche und kleinen Erträgen bedeutet auch, dass die Lese in
einer Woche durchzuführen ist, während große Weingüter
bis zu sechs Wochen damit beschäftigt sind. Das ist besonders interessant, wenn es etwa wie 2006 im Herbst nur ein
bis zwei Wochen optimales Wetter gibt!

Das Gutshaus, ein unauffälliges Einfamilienhaus mitten
im Ort, lässt auf den ersten Blick nicht erahnen, was für Weine hier geboten werden. Bereits der trockene Landwein der
Saar ist ein betont rassiger Saar-Riesling mit ordentlich Substanz und zartem Aprikosenton – die Bezeichnung ist eine
typische Loch-Untertreibung! Das Gros der Erzeugung besteht aus herben Weinen, die die Lage Schodener Herrenberg und einen Parzellennamen auf dem Etikett tragen. Aus
der Gruw beispielsweise ist ein prototypischer trockener
Saarwein mit recht markanter Säure, aber auch feinen
Frucht- und Blütennoten. Aus dem Stoweler dagegen ist
von satter Reife, reichhaltig und ein wenig cremig. Der
Wein aus dem Stier schmeckt seinerseits ungemein kräuterig, mineralisch und pikant. Der beste herbe Wein des Jahrgangs heißt seit 2001 Saartyr und vereint Charakterstärke
mit großer Reife und Nachhaltigkeit. Seit 2002 wiederum
trägt der beste feinherbe Wein des Guts den Namen Qua-
saar; dies ist immer noch ein Wein für herzhaftes Essen, und
wie der Name suggeriert, von enormer Strahlungskraft und
Brillanz. Seit 1995 gibt es den Riesling ContesSaar, der einzige Wein des Guts mit betonter natürlicher Süße, der jedes
Jahr erzeugt wird. Nur wenn die Natur mitspielt, kommen
dazu edelsüße Auslesen, Beerenauslesen und Trockenbeerenauslesen. Was Dichte, Duftigkeit – wie wahre Essenzen
aus der Aprikose und Ananas! – und Harmonie betrifft, hat

Vertico-Erziehung
Moderne Erziehungsart der
Reben, bei der die kurzen Triebe
von einem hochgezogenen
Stamm ausgehen.

die Saar nichts Besseres zu bieten. Nur über größere Feinheit könnten die Weine aus manchen Spitzenlagen noch beeindruckender sein; die hohe qualitative Konstanz ist eine großartige Leistung für die Autodidakten, deren Weinberge größtenteils in einer völlig unbekannten Lage liegen!

Die Lochs besitzen auch einen winzigen uralten Weinberg im Wiltinger Schlangengraben am anderen, linken Saarufer. Diese Lage sieht viel weniger aufregend aus, als der Name klingt, ist aber nach Süden ausgerichtet. Hauptbesitzer ist hier das Weingut St. Urbanshof in Leiwen/Mittelmosel (siehe Seite 56) mit vollen neun Hektar.

Aus diesem Weinberg stammt ein guter Anteil des saftigen, verspielten St. Urbanshof Gutsrieslings, der nicht die Angabe »trocken« auf dem Etikett trägt, sowie der substanzreiche und würzig-frische Wiltinger Riesling Kabinett feinherb, aus Reben, die zur Erstpflanzung der Lage um 1920 gehören. Die feinsten Saarweine des Guts stammen jedoch aus fast fünf Hektar Besitz im Ockfener Bockstein, darunter der überzeugende Riesling Spätlese feinherb, der sich durch ansprechende Saftigkeit und pikante Säure auszeichnet. Die edelsüßen Auslesen aus dem Bockstein fallen trotz erheblicher Konzentration und Kraft delikater und floraler aus. Mit 3,2 Hektar Reben ist der St. Urbanshof seit 2001 auch der größte Besitzer in Schodens einziger halbwegs anerkannter Spitzenlage, der Saarfeilser. Die Spätlesen aus diesem kleinen Streifen steiler Weinberge direkt am Saarufer wirken feinduftig, ungewöhnlich verspielt und zart für das Saartal.

Diese unbekannte Ecke der Saar hat einen weiteren Verfechter in Form des kleinen, aber extrem zuverlässigen WEINGUTS JOHANN PETER REINERT in Kanzem. Dank der konsequenten Qualitätspolitik des Namensgebers gibt es hier seit gut zwei Jahrzehnten eine breite Palette an trockenen, feinherben und dezent süßen Saar-Rieslingen, die viel Charme und Charakter für wenig Geld bieten. Trotz des allgemeinen Aufschwungs im Gebiet seit einigen Jahren ist es doch immer noch für Entdeckungen gut; noch hinkt die Medienaufmerksamkeit den Entwicklungen hinterher.

Weingut Johann Peter Reinert
Alter Weg 7a
D-54441 Kanzem
Tel. +49 (0)65 01/1 32 77
Fax +49 (0)65 01/15 00 68
E-Mail: kontakt@weingut-reinert.de
www.weingut-reinert.de
Öffnungszeiten:
nach Vereinbarung

Der nächste Berg nach Süden ist eine für die Saar ganz typische Lage, und die Ayler Kupp mit Waldkrone und Wiesen zu ihren Füßen bringt auch typische Saarweine.

Spätestens seit Anfang der 1970er-Jahre, als Peter Lauer den Keller übernahm, erzeugt das kleine WEINGUT PETER LAUER in Ayl starke trockene und feinherbe Rieslinge. Weil zum Betrieb auch ein überraschend stilvoll-modernes Hotel und ein anspruchsvolles Restaurant gehören, lief die Vermarktung hauptsächlich über diese Kanäle, und die Weine blieben lange Insider-Tipps. Das änderte sich 2006 schlagartig, als der 27-jährige Florian Lauer mit den 2005er Weinen seinen ersten Jahrgang präsentierte. An der Stilistik der Weine hat sich nichts geändert, doch das übliche Sortiment wurde um eine Reihe herber Rieslinge aus der Kupp mit Einzelparzellennamen erweitert, die sämtlich beeindruckende Wein-Persönlichkeiten sind.

»Wie überall in Deutschland wird die geographische Herkunft immer genauer definiert«, erklärt der selbstbewusste und engagierte Jungwinzer. Im Moment wuchern solche Bezeichnungen an Mosel, Saar und Ruwer; bei Lauer scheinen sie wohl ihre Berechtigung zu haben.

Als kräftigster und vielschichtigster unter diesen Einzelstücken fällt der Unterstenberg aus, mit der großen mineralischen Nachhaltigkeit alter Reben auf tiefgründigem Schieferboden. Mit feiner Pfirsichnote besticht der Stirn durch eine filigrane Art und versteckt seine Kraft so unbeschwert, als sei sie eine reine Nebensächlichkeit. Der Kern dagegen ist im Duft würzig, rauchig, mit einer Kräuternote, auf der Zunge verspielt im Auftakt, dann sehr bestimmt im langen Finale. Der geniale Saarfeilser – eine neue Lage im Programm – fällt am subtilsten und zartesten aus.

Die Lauers sind dabei, den Weinbergsbesitz von sechs auf zehn Hektar aufzustocken, und mit den nächsten Jahrgängen werden einige andere Lagen in Saarburg und Wawern dazukommen. Auch diese Weine werden alle getrennt in Fuderfässern ausgebaut und abgefüllt werden, und man darf also auf neue Persönlichkeiten in der großen Lauer-Familie gespannt sein.

Auch an anderen Orten der Saar machen sich nach und nach Jungwinzer bemerkbar. Am auffälligsten von ihnen ist Carolin Hofmann vom WEINGUT WILLEMS-WILLEMS in Oberemmel. Das bescheidene Gutshaus von 1854 liegt am sanften Hang des breiten Urstromtals der Mosel, deutlich abseits der Saar. Die geborene Willems ist seit 2006 mit Jürgen

Weingut Peter Lauer
Triererstraße 49
D-54441 Ayl
Tel. +49 (0)65 81/30 31
Fax +49 (0)65 81/23 44
E-Mail: info@saarriesling.de
www.saarriesling.de
Öffnungszeiten:
Mo.–Fr. 10–19 Uhr, Sa. und So. nach Vereinbarung

Weingut Willems-Willems
Mühlenstraße 13
D-54329 Konz-Oberemmel
Tel. +49 (0)65 01/1 58 16
Fax +49 (0)65 01/15 03 87
E-Mail: info@weingut-willems.de
www.weingut-willems.de
Öffnungszeiten:
Mo.–Sa. 8–19 Uhr

Die Saar von Konz bis Hamm

WEINANBAU · WALD · STÄDTE & DÖRFER

Weinlagen

Tobiashaus

Ritterpfad
Goldberg
Wawern

51

Herrenberger   Ritterpfad
Jesuitenberg   Hamm   Pulchen   Könen
                                (bei Filzen)
Jesuitenberg   Filzen
                                              Steinberger   419
belhausen   Mosel
            Sonnenberg   Hörecker
                                    Altenberg   Konz
aar   Saarfelser Marienberg
                                Kanzem
Schoden   Schlangengraben   Kupp

rrenberg   Braune
                Wiltingen   Kupp   Roschneider Hof

                        Klosterberg

            Braunfels   Kommlingen

Scharzhofberg   Rosenberg   Hofberg

    Scharzhofberg   Herrenberg

                    Oberemmel   Niedermennig

                    Agritiusberg

            Hütte   Kettnach   Obermennig   268

        Altenberg   Karlsberg

                                                    Pellingen
                                              Norden

                                              1 km
                                    Franzenheim

268

Hofmann vom Wein- und Sektgut Hofmann in Appenheim/ Rheinhessen verheiratet und weder die erste noch die letzte Jungwinzerin von Mosel, Saar oder Ruwer, die eine Wein- und Lebenspartnerschaft mit einem rheinhessischen Jung- winzer eingeht. Schon vor dem Weinbaustudium in Geisen- heim hatte die junge Frau 2000 angefangen, im Familiengut mitzuwirken und eigene Weine zu erzeugen. Ihre Entschlos- senheit, eigene Wege zu gehen, wurde durch kurze Arbeits- aufenthalte in Südafrika und Südaustralien gestärkt.

Mit dem 2002er Fusion II, einer Cuvée aus trockenen Rieslingweinen aus Appenheim/Rheinhessen und Oberem- mel/Saar, haben die beiden für Staunen und Aufmerksam- keit gesorgt.

»Der Fusion ist in Südafrika geboren«, erzählt Carolin Hofmann, »wo sie Trauben aus kühlen und warmen Gebie- ten zu einem Wein machen.« 2002 waren es nur 200 Liter, aber inzwischen ist ihre Kreation zu einem echten Kultwein avanciert. Zu Recht, er balanciert schmelzige Fülle und hei- tere Frische auf eine ganz eigene Weise. Trotzdem wird er ein Einzelfall bleiben, die anderen Weine des Guts sind durch und durch Saarweine.

Mit den Jahrgängen 2004 und 2005 ist nach Abschluss ih- res Studiums eine kleine Palette an beeindruckenden neuen Weinen entstanden. Bereits der Riesling Schiefer trocken ist schlank und elegant wie ein Supermodel, trotz 12,5 Volumen- prozent natürlichen Alkohol 2005, mit zarten Blütennoten und filigraner Säure. Eine Stufe darüber liegen die feinherben Lagenweine aus dem Altenberg von Oberemmel und dem Herrenberg von Niedermennig. Dass so unterschiedliche Jungwinzer wie Florian Lauer und Carolin Hofmann in diese Geschmacksrichtung arbeiten, zeigt deutlich, wie gut dies zum hochwertigen Saar-Riesling passt; wenn ein Saar-Ries- ling ganz trocken ist, kann die mineralische Note negativ wir- ken, weil sie die Säure noch schärfer erscheinen lässt. Hof- manns Altenberg stammt aus dem Kern dieser Steillage, de- ren Grenzen 1971 stark erweitert wurden. Der Wein zeigt eine ganz eigene Fruchtnote, die an reife Kirschen erinnert, ist nachhaltig vom blauen Schieferboden geprägt und lässt keine Süße erkennen. Dagegen ist der Herrenberg, auf schwe- rem roten Schieferboden gewachsen, fester und robuster, mit einem Hauch mehr Süße; der 2005 zeigt dazu eine satte Ana- nasnote. Es sind starke Weine für diese unbekannten Lagen.

Verschiedene Schieferarten sehen auf den ersten Blick sehr ähnlich aus, aber alleine der Unterschied zwischen weichen und harten Arten führt zu sehr unterschiedlichen Böden.

Der andere erstaunliche Wein der jungen Winzerin ist der Spätburgunder Rotwein aus dem Oberemmeler Rosenberg, aus rund 25 Jahre alten Reben. Der Wein verkörpert den *dritten Weg* des Rotweins an Saar, Ruwer und Mosel. Er ist weder ein tieffarbiges, aber dünnes Weinchen, hirnloser Trittbrettfahrer des Rotwein-Booms, noch ist er ein gerbstoff- und eichen-überladener teurer Kraftprotz. Trotz einem vollen Jahr in Barriquefässern dominiert herrliche Kirschfrucht, und die Rauch- und Toastnoten vom Holz wirken sehr dezent. Elegant und sanft, mit diskreten Gerbstoffen und Säurefrische ist dies ein richtiger Trinkwein und stimmiges rotes Pendant zum leichteren Saar-Riesling.

Auch wenn er nicht mehr als Jungwinzer durchgehen kann, hält auch Markus Molitor vom Weingut Markus Molitor in Zeltingen/Mittelmosel (siehe Seite 32) die Fahne von Niedermennig hoch. Er besitzt 4,5 Hektar im Herrenberg und erzeugt daraus eine beeindruckende Reihe von Weinen. Bescheiden in der Etikettierung ist der Alte Reben Saar, ein schmelziger, feinherber Riesling mit ausreichend Rasse, um den Eindruck von Schwere zu vermeiden. Am anderen Ende der Skala liegen die nach einem Riesenkorb voller tropischer Früchte duftenden und schmeckenden Auslesen. Ihnen gelingt es, die von Molitor geliebte Üppigkeit und Dichte mit wunderbar animierender Säure zu verbinden.

Auch in einem weiteren etablierten Spitzenbetrieb in dem breiten, noch urig wirkenden Tal, das so stark von dem Fehlen eines großen Flusses geprägt ist – wo sonst an Mosel, Saar oder Ruwer gibt es so gute Weine und so wenig Wasser? –, steigt ein Jungwinzer ein. Das seit 1803 im Familienbesitz befindliche WEINGUT VON HÖVEL in Oberemmel wurde von der Weinszene lange als nette Selbstverständlichkeit betrachtet, und die guten bis sensationellen Rieslinge erhielten dadurch selten das gebührende Lob. Eberhard von Kunow ist fast immer gut gelaunt und lustig, stets bescheiden, was die Qualität seiner Rieslinge betrifft. Seit dem Jahrgang 1993 gehören sie durchgehend zur ersten Liga des Gebiets, und auch davor waren sie oft sehr beachtlich. Aber jetzt bekommen sie mit dem quirligen und begnadeten Max von Kunow ein neues Gesicht und das Gut zweifelsohne ein neues Image.

Der Schwerpunkt der Erzeugung liegt hier seit Jahrzehn-

Weingut von Hövel
Agritiusstraße 5–6
D-54329 Konz
Tel. +49 (0)65 01/1 53 84
Fax +49 (0)65 01/1 84 98
E-Mail:
weingutvon hoevel@t-online.de
www.weingut-vonhoevel.de
Öffnungszeiten:
nach Vereinbarung

ten bei den natürlich süßen Rieslingen aus der gut fünf Hektar großen Alleinbesitzlage Oberemmeler Hütte. Doch gab es immer einen edlen Wettstreit zwischen ihnen und den Weinen gleichen Stils aus dem weltberühmten Scharzhofberg, wo das Gut knapp drei Hektar besitzt. Die Kabinettweine beider Lagen sind oft starke Jungs und keine Leichtweine.

»Wir versuchen es, aber die Natur lässt Leichtigkeit nicht immer zu«, erklärt Eberhard von Kunow ganz pragmatisch. Die niedrigen Erträge und eine sehr gewissenhafte Pflege der Weinberge führten in den letzten Jahre oft dazu, dass sämtliche Trauben aus diesen Lagen zu hoher Reife kamen und recht füllige Weine ergaben. Trotzdem werden die am leichtesten schmeckenden Partien als Kabinett vermarktet, und selbst im Jahrhundertjahrgang 2005 waren sie durchaus zart im Duft, ohne jeglichen Einfluss der Edelfäule und trotz für die Kategorie großzügiger Saftigkeit von einem filigranen Finale geprägt. Bei den Riesling Spätlesen kommt die Lagencharakteristik nicht weniger deutlicher zum Ausdruck. Die Weine aus der Hütte sind stets heiterer im Duft, im Mund verspielt und nachhaltig ohne eine Spur vordergründiger Kraft. Dagegen wirken die Scharzhofberger zurückhaltender in der Nase, kühler und fester im Geschmack, wo sie ihre Muskeln deutlich zur Schau stellen. Dieses Muster zieht sich durch die Parade der edelsüßen Weine hoch bis zu Beerenauslese und Trockenbeerenauslese. Solche Spitzenweine werden hier heute häufiger erzeugt als noch vor einem Jahrzehnt und fallen hochelegant aus. Wie alle Hövel-Weine strotzen sie förmlich vor durch und durch reifen Fruchtaromen.

Auch wenn Max von Kunow noch nicht voll in den Betrieb eingestiegen ist, gibt es schon Änderungen – wie 2001 die Übernahme der nur knapp einen halben Hektar großen Alleinbesitzlage Kanzemer Höhrecker mitten im Altenberg, weit abseits des restlichen Lagenbesitzes. Doch die Entfernung ist nicht nur physisch; auch geschmacklich schienen diese Weine von einem anderen Stern zu stammen. Intensive Kräuternoten und in sehr reifen Jahrgängen ein Schokoladenton (!) prägen die immens konzentrierten und kaum süß schmeckenden Höhrecker Auslesen; es sind einmalige, großartige Weine. Obwohl er persönlich gereifte Weine mit einem Hauch natürlicher Süße vorzieht, hat Eberhard von

Rechts:
Die edelsüßen Rieslinge von Egon Müller sind vornehm, aber weltweit heiß begehrt.

Kunow für seine Kunden schon immer auch etwas an trockenen Weinen ausgebaut. Mit 2005 wurde eine sehr füllige Spätlese feinherb eingeführt, an der sich die Geister schieden: so wenig Süße bei einem so üppigen Wein mit solchen Trockenfruchtaromen? Das gab es aber schon 100 und mehr Jahre zuvor an der Saar – diese Innovation hat tiefe Wurzeln.

Weingut Egon Müller-Scharzhof
Scharzhof
D-54459 Wiltingen
Tel. +49 (0)65 01/1 72 32
Fax +49 (0)65 01/15 02 63
E-Mail: egon@scharzhof.de
www.scharzhof.de
Öffnungszeiten: kein Verkauf,
Bezug über den Fachhandel

Es mag unkonventionell klingen, aber auch der berühmteste Weinbaubetrieb der Saar, das WEINGUT EGON MÜLLER-SCHARZHOF, erzeugt eine gewagte Art von Wein, die aus einer anderen Zeit zu stammen scheint. Manche bedeutenden Kritiker haben sich – hinter vorgehaltener Hand – über den »altmodischen Stil« des Hauses mokiert, während andere Kenner genau diese Art des Rieslings enorm schätzen, der sich nicht im Geringsten um Geschmacksmoden kümmert. Viele junge Weinfreunde, die zum deutschen Wein über die üppigen, extrovertierten neuen Gewächse der Pfalz, aus Rheinhessen oder Niederösterreich gekommen sind, sind nach dem ersten Schluck Scharzhofberger Riesling von Egon Müller erst einmal vollkommen verdutzt; darauf folgt entweder Entzücken oder Kopfschütteln. Obwohl die Weine als Klassiker gelten, rufen sie extreme Reaktionen hervor. Das ist jedoch bei vielen anderen etablierten großen Weinen der Welt kaum anders, und in diesem Kontext sieht Egon Müller IV seine Weine. Das gehört zur Familientradition.

Die Geschichte des Guts in seiner heutigen Form geht auf den Kauf des ehemaligen Besitzes des Trierer Klosters St. Marien ad Martyres durch Jean-Jacques Koch 1797 zurück, das zwei Jahre zuvor von der französischen Republik im Zuge der Annexion der habsburgischen Niederlande konfisziert worden war. Seine Tochter Elisabeth heiratete einen Felix Müller, der aus Föhrenbach/Schwarzwald stammte, und ihr zweiter Sohn Egon Müller I (1852–1936) begründete mit seinen Weinen ab 1888 den heutigen Ruf des Guts. Das Etikett erinnert noch heute an den Grand Prix, den seine 1895 Scharzhofberger feinste Auslese 1900 auf der Exposition Internationale in Paris gewann. Die Kategorie der edelsüßen Auslesen existiert an Mosel, Saar und Ruwer bereits seit Anfang des 19. Jahrhunderts, aber erst mit den edelsüßen Weinen aus den großen Jahrgängen der 1860er-Jahre erzielten die Winzer des Gebiets bedeutende internationale

Aufmerksamkeit; Egon Müller I arbeitete ganz gezielt daran. Sein Erfolg diente Egon Müller III (1919–2001), der 1945 die Führung des Guts übernahm, als Ansporn. Seine Bühne des Erfolgs war jedoch eine andere als für seinen Großvater: die Trierer Versteigerungen des »Großen Rings« (Mosel, Saar und Ruwer VDP). Den Gipfel erreichte er am 25. September 1995, als seine 1989 Scharzhofberger Riesling Trockenbeerenauslese für 3220 Mark pro Flasche unter den Hammer kam. Es war Weltrekord für einen jungen Weißwein, und das Publikum würdigte diesen Erfolg mit minutenlangem, stehendem Applaus.

Als Egon Müller IV (geboren 1959) 1991 die Führung des Betriebs antrat, übernahm auch er weitgehend die Vorstellungen seines Vaters, der sich ebenfalls am Vorbild der großen Weine Frankreichs orientierte. Dazu kamen jedoch einige Erfahrungen aus der Zeit nach seinem Weinbaustudium in Geisenheim, als er in den USA und in Japan arbeitete. Amerika war schon längst ein wichtiger Markt und ist es wieder; Japan und Fernost waren eher kleinere Märkte und sind inzwischen auch wichtig geworden. Er sieht seinen Betrieb heute in einem globalen Kontext, seine Weine erzielen auf den Weltmärkten die höchsten Preise des gesamten deutschsprachigen Raums. Das ist der Hintergrund des hochgewachsenen Mannes im tadellosen Maßanzug, der seine Jungweine ausschließlich Fachbesuchern und auch diesen nur nach Voranmeldung in der Eingangshalle des Herrenhauses am Fuß des Scharzhofbergs zwischen Wiltingen und Oberemmel zeigt.

So einfach kann man auch Maischestandzeit erreichen, um mehr Inhaltsstoffe aus der Beerenhaut zu lösen, bevor die Trauben auf die Kelter kommen.

Dieses Ritual – bei dem vollkommene Stille herrscht, wenn man den Hausherrn nicht anspricht – hat sich über die Jahrzehnte nur in einem Punkt geändert: Aus den einstigen Probierbechern sind professionelle Verkostungsgläser geworden, aber die zierliche Größe der Gläser ist geblieben. Sie stehen in einem Kreis auf einem kleinen schwarzen runden Marmortisch, bilden aber in Jahrgängen mit extrem kleinen Erträgen wie 2005 nicht einmal eine Halbrunde. Spätestens hier hat es der Fachmann eigentlich mit zwei Weingütern zu tun, nämlich mit den Rieslingen aus dem Scharzhofberg vom Weingut Egon Müller-Scharzhof (insgesamt acht Hektar Weinberge) und jenen aus der Alleinbesitzlage Wiltinger braune Kupp vom Weingut Le

Eingangsportal und Erkerturm des Weinguts Egon Müller-Scharzhof.

Gallais (rund vier Hektar Weinberge). Zwischen Kanzemer Altenberg und Wiltinger Gottesfuß mit Südsüdwest-Ausrichtung gelegen, ist die braune Kupp eine sehr geschützte Lage, deren Kleinklima von der Flussnähe profitiert. Wie der Name andeutet, ist der eisenhaltige Schieferboden hier bräunlich in der Farbe. Die Weine fallen daher recht üppig und aromatisch für Saar-Verhältnisse aus, oftmals mit einer deutlichen Kräuternote. Ganz anders sind die Weine vom Grauschiefer des Scharzhofbergs, ein isolierter Berg abseits der Saar mit reiner Südausrichtung. In schwachen Jahrgängen haben es die Scharzhofberger schwer gegenüber den Weinen aus der braunen Kupp, weil dann letztere wesentlich reifer in der Säure sind. Aber wenn der Jahrgang zumindest gut ausfällt, dann sind die Scharzhofberger von Egon Müller von unnachahmlicher Rasse, Feinheit und Nuancenreichtum. Sie wirken in der Jugend wie Rosenknospen, die zwar schon gefärbt sind, sich aber gerade erst beginnen zu entfalten. Doch bereits dann schmeckt jeder Wein bei aufmerksamem Verkosten einmalig.

Bereits der einfache Wein des Guts beeindruckt. Seit Stefan Fobian 2000 hier als Kellermeister tätig ist, gibt es neben den klassischen Weinen mit ihrer kompromisslosen Art einen exzellenten feinherben Wein (ohne diese Bezeichnung auf dem Etikett) namens Scharzhof Riesling, der einen ganz anderen Schwung an den Tag legt – im Vergleich mit den Scharzhofbergern wirkt er geradezu extrovertiert. Es ist der einzige Wein des Guts, der nicht grundsätzlich mit natürlichen Kellerhefen im Fuderfass vergoren wird; trotzdem fällt jeder Jahrgang sehr unterschiedlich aus.

Am anderen Ende der Skala liegen die edelsüßen Spitzenweine des Guts, die alle eine goldene statt der üblichen weißen Kapsel tragen. Es sind sämtlich Essenzen des Saar-Rieslings, trotz ihrer ungemeinen Dichte enorm subtil. Wenn sie im Duft an Honig erinnern, dann nicht an irgendeinen Honig, sondern an extrem delikaten Blütenhonig; wenn sie an exotische Früchte erinnern, dann nicht an die im Supermarkt erhältlichen, sondern an Flugobst ausgewählter Sorten, das hochreif gepflückt wurde. Und das ist wirklich nur ein Aspekt der Aromatik dieser Gewächse, die immer wieder die äußersten Grenzen des Süßweins ausloten. Dagegen ist ein Château d'Yquem aus dem Sauternes/Bordeaux, so toll manche Jahrgänge schmecken, eher die Umsetzung eines längst erprobten Plans und somit recht voraussehbar. Die Säure einer Müller'schen Auslese Goldkapsel, Beerenauslese und Trockenbeerenauslese ist analytisch oft extrem hoch, weil die Edelfäule zu einer Konzentrierung der Säure mit allen anderen Inhaltsstoffen der Traube führt, aber sie wirkt nie dominant, in manchen Jahrgängen sogar unterschwellig. Nicht einmal in den Eisweinen, wo der Frost die Säure der Trauben auf noch extremere Weise konzentriert, gleitet sie wie sonst häufig an der Saar in diesen Weinen in leicht brennende Schärfe ab.

Der andere mengenmäßig sowie qualitativ wichtige Erzeuger von Weinen aus dem Scharzhofberg ist das WEINGUT REICHSGRAF VON KESSELSTATT mit Sitz in Schloss Marienlay bei Morscheid an der Ruwer. Weil das Gut auch über bedeutenden Weinbergsbesitz in der Ruwer-Spitzenlage Kaseler Nies'chen verfügt und diese Weine alle in einen Keller von einem Team vinifiziert werden, bietet es eine ideale Möglichkeit, die Rieslinge dieser zwei Täler direkt miteinander zu vergleichen – und die Unterschiede sind geradezu frappant! Während Kesselstatts trockener Scharzhofberger Großes Gewächs nach Birne und Quitte duftet und bei aller Kraft schlank-reserviert bleibt, ist der trockene Nies'chen Großes Gewächs des Guts geradezu explosiv, mit extrovertiertem Brombeeraroma und nachhaltiger pikanter Rasse. Auch bei den Spätlesen mit natürlicher Süße besteht ein großer Kontrast zwischen dezent, fein und pfirsichbetont beim Scharzhofberg und rauchig, kräuterig und beerig beim Nies'chen. Bei den Kesselstatt-Weinen kommen die konträren Persönlichkeiten der zwei Täler mit unvergleichlicher Klarheit zum Ausdruck, und es ist selbstverständlich Geschmacksfrage, welche Richtung man vorzieht.

Auch die Weine der anderen Lagen des großen Sortiments dieses Guts haben ihre eigenen Nuancen, wie etwa die floralen Noten beim Wiltinger Gottesfuß von der Saar und die Rasse des Kaseler Kehrnagel von der Ruwer. Für ein Gut mit 38 Hektar (siehe auch Seite 29) ist es eine höchst differenzierte und durchgehend überzeugende Palette von Rieslingweinen. Vor allem die Kategorie Kabinett feinherb ist sehr stark bei moderaten Preisen und vielseitiger gastronomischer Einsetzbarkeit. Das ist die Leistung von Anne-

**Weingut
Reichsgraf von Kesselstatt**
Schloßgut Marienlay
D-54317 Morscheid
Tel. +49 (0)65 00/9 16 90
Fax +49 (0)65 00/91 69 69
E-Mail: weingut@kesselstadt.de
www.kesselstatt.com
Öffnungszeiten:
nach Vereinbarung

gret Reh-Gartner, die das Gut hartnäckig und akribisch über mehr als zwei Jahrzehnte immer weiter nach vorn gedrängt und dafür ein sehr engagiertes Team um sich vereint hat.

Genau wie die Saar besteht das hübsche Mini-Weinbaugebiet Ruwer aus einer Reihe von Rebinseln. Die auffälligste davon liegt nahe der Mündung der Ruwer mit der Mosel, getrennt vom großen Fluss nur durch den Grüneberg: Heimat der C. von Schubert'schen Gutsverwaltung/Maximin Grünhaus bei Mertesdorf. Hier wäre es durchaus möglich, einen großen geschichtlichen Bogen zwischen der ersten schriftlichen Erwähnung des Gutes im Jahr 966 nach Christus bis zur Übernahme der Betriebsführung durch Dr. Carl Ferdinand von Schubert 1981, knapp ein Jahrhundert, nachdem es durch Heirat in den Besitz seiner Familie gekommen ist, zu spannen. Und es wäre eine interessante Geschichte – aber die aktuelle Entwicklung ist noch spannender.

Der einzige notwendige Vorspann dafür ist der Blick von der anderen, östlichen Seite des Tals. Von dort erkennt man ganz klar den geschlossenen, steilen rebbedeckten Hang von Maximin Grünhaus, der sich in drei Alleinbesitzlagen aufteilt, Abtsberg, Herrenberg und Brüderberg. Die bewaldete Spitze des Grünebergs wirkt wie ein Riesen-Spoiler, der die kalten Nordwinde weit über die Reben hinweg leitet. Noch auffälliger für den Betrachter ist das von Zinnen besetzte Gebäudeensemble am Fuß des Berges, das wohl an ein Märchenschloss erinnert. Der ganze Betrieb hat tatsächlich Schloss-Charakter, und Dr. von Schubert ist durchaus eine Art Schlossherr, auch wenn das etwas platt klingt.

Doch geht es hier um die Weine – 2004 und 2005 hat der junge Stefan Kraml, vormals Verwalter beim Weingut von Othegraven in Kanzem/Saar (siehe Seite 114), hier seine ersten Jahrgänge ausgebaut und damit für frischen Wind gesorgt. Das war dringend notwendig, weil der letzte quasi einstimmig als großartig befundene Jahrgang 1997 war, für den sein Vorgänger Alfons Heinrich verantwortlich zeichnete. Seitdem waren die Rieslinge des Guts eher umstritten, ihnen fehlte manchmal die tänzerische Leichtigkeit und die fast überschwängliche Duftigkeit, die unter Kennern als

C. von Schubert'sche Gutsverwaltung/Maximin Grünhaus
Grünhaus bei Trier
D-54318 Mertesdorf
Tel. +49 (0)6 51/51 11
Fax +49 (0)6 51/5 21 22
E-Mail: info@vonschubert.com
www.vonschubert.com
Öffnungszeiten:
Mo.–Fr. 8–12 und 13–17 Uhr,
Sa. 8–12 Uhr und nach Vereinbarung

»Grünhaus-typisch« galt. Berühmte Weingüter, und Maximin Grünhaus hat einen internationalen Ruf wie nur wenige andere deutschsprachige Erzeuger, können solch eine Situation nur eine begrenzte Zeit ohne dauerhafte Imageschäden überstehen. Glücklicherweise scheinen der weltgewandte

von Schubert und der zielstrebige, nachdenkliche Kraml sehr gut zueinander zu passen und auf einer Wein-Wellenlinie zu liegen. Auch wenn viel Detailarbeit für die nächsten Jahre bleibt, haben die Weine einen deutlichen Sprung nach vorn gemacht, und eine vorsichtige Neudefinition der Weinstilistik ist eingeleitet worden.

Die Erneuerung ist am ehesten bei den trockenen Weinen zu spüren, die deutlich fülliger und fruchtbetonter, auch direkter in der Art geworden sind. Wie bei vielen anderen Gütern an Ruwer, Saar und Mosel ist die Kategorie halbtrocken durch feinherb ersetzt worden, was zu den rassigen, leichtfüßigen Grünhauser Rieslingen auf Anhieb passt. In dieser Richtung, aber ohne die eigentliche Bezeichnung auf dem Etikett, gibt es zwei beeindruckende neue Weine namens Herrenberg Superior und Abtsberg Superior, die eine kon-

Maximin Grünhaus ist eine Riesling-Welt für sich innerhalb der kleinen und eigenen Weinwelt des Ruwertals.

Viele Steillagen fielen in den letzten Jahren aus der Bewirtschaftung. An der Ruwer war dieser Prozess besonders dramatisch.

sequente Rückkehr zur Tradition des Weinguts darstellen. Beide werden aus den besten Parzellen ihrer jeweiligen Lage gekeltert und vergären mit natürlichen Hefen im Fuderfass so weit und so lange, wie sie wollen. Im ersten Jahrgang 2005 haben beide einen Alkoholgehalt von 11,5 Volumenprozent und eine wunderbare Harmonie erreicht. Es sind ausdrucksstarke hochoriginelle Weine, die ein oder zwei Jahre auf der Flasche brauchen, um ihre Schätze auszubreiten.

Unter den drei Grünhaus-Lagen führte der Bruderberg lange ein Schattendasein. Aus der nur einen Hektar umfassenden Lage, die nach Osten neigt, wird nur ein Wein pro Jahrgang mit zarter natürlicher Traubensüße erzeugt. Doch aufgrund der Klimaerwärmung hat sie in den letzten Jahren eine Reihe starker Weine hervorgebracht: Der geniale 2005er ist selbst im Ruwer-Kontext, wo die Weine zu eigenen Duftnoten neigen, ein wenig wild. Sehr pointiert, mit edler Säurefrische und großartigem Spiel, wirkt er ungemein vital.

Die Rieslinge aus den anderen Lagen sind von ganz anderem Temperament. Der 19 Hektar große Herrenberg, in dem rötlicher Schiefer vorherrscht, neigt zu vielschichtiger Duftigkeit mit Noten nach Beeren, Kräutern oder gar Räucherstäbchen. Die Weine sind filigran und frisch, ihre Stärke ist in der Jugend oft etwas versteckt und daher leicht zu unterschätzen. Die Weine aus dem 14 Hektar großen Abtsberg wirken zugleich reservierter und strahlender, aber auch fester in der Säure, mit delikateren Fruchtnoten, die vor allem an leicht säuerliche, aber hocharomatische, in nördlichen Regionen gereifte Pfirsiche erinnern. Bei den trockenen und feinherben Spätlesen sind diese Unterschiede ebenso klar wie bei den Kabinetten und Spätlesen mit natürlicher Süße. Was Letztere auszeichnet, ist keinesfalls eine großartige Kraft oder immense Nachhaltigkeit, sondern vielmehr die Feinheit der Aromen und das nuancierte Spiel der vielen Geschmackselemente; dies sind die großen Tugenden des Ruwerweins.

Trockenbeerenauslesen werden auf Grünhaus seit 1921 erzeugt, womit das Gut mit zu den drei Vorreitern dieser Kategorie an Ruwer, Saar und Mosel gehört. Die Tradition ist bei den Auslesen jedoch noch ausgeprägter und originärer. Nirgendwo sonst im deutschsprachigen Raum fallen diese Weine so filigran und belebend aus wie hier. Es gibt zwei Auslesestufen, die aber nicht als besondere Abfüllungen mit goldenen Kapseln ausgezeichnet, sondern mit der Fudernummer auf der dreieckigen Grünhaus-Halsschleife ausgewiesen werden. Je höher die Nummer, desto später im Herbst fand die Lese statt, wobei es keinesfalls eine zwangsläufige Relation zwischen diesem Zeitpunkt und der Qualität des Weins gibt. Diese Weine können sehr unterschiedlich ausfallen, mal extrem zart, mal mit einer gewissen Üppigkeit, aber trotz teilweise analytisch hohem Traubensüße- und Säuregehalt immer sehr subtil.

Ganz neu ist das Engagement beim Rotwein. 2007 wurde ein Hektar mit sechs verschiedenen Spätburgunder-Klonen gepflanzt. Das erklärte Ziel ist der oben schon angesprochene dritte Weg: duftige, fruchtbetonte Rotweine mit zarten Gerbstoffen. Damit ist Dr. von Schubert der erste anerkannte Spitzenerzeuger, der diese Richtung einschlägt. Eichenholz aus dem Grünhauser Wald reift bereits für die Herstellung der Holzfässer.

Grünhaus ist jedoch nur die Hälfte des Ruwer-Märchens. Schräg gegenüber auf der anderen Seite des Tals, noch näher zur Mündung der schmalen Ruwer in den großen Moselstrom liegt ein weiteres Weingut mit Schloss-Charakter: das WEINGUT KARTHÄUSERHOF bei Eitelsbach von Christoph Tyrell. Die jüngste Geschichte des Guts liest sich tatsächlich wie ein Märchen, und der Schlossherr ist ganz eindeutig der Ritter, der sich 1986 mitten im Sturm als Retter des Guts erwiesen hat. Seitdem hat er mit Kellermeister Ludwig Breiling einen ganz neuen Weinstil entwickelt und verfeinert. Hier strahlen die Weine vom kleinsten Kabinett hoch bis zur Trockenbeerenauslese wie Berglicht, sind so klar wie ein Gebirgsbach und duften so frisch wie Bergwiesen. Das passt auch zum Gut. Trotz der Nähe zu Eitelsbach wirkt die von großen Bäumen umstandene Anlage mit der Wasserburg aus dem 13. Jahrhundert am Fuß des Karthäuserhofbergs so idyllisch einsam, dass man meinen könnte, man befinde sich hier hoch in den Bergen.

Als Après-Ski-Wein ist der trockene Riesling Kabinett mit seinem niedrigen Alkoholgehalt (maximal 11,5 Volumenprozent, oft deutlich niedriger) und seiner betonten Frische sicher geeignet – zumindest für eine ältere Generation. Solch nackte Säuretatsachen scheinen die wenigsten Mitglie-

Weingut Karthäuserhof
D-54292 Eitelsbach
Tel. +49 (0)6 51/51 21
Fax +49 (0)6 51/5 35 57
E-Mail: mail@karthaeuserhof.com
www.karthaeuserhof-tyrell.de
Öffnungszeiten:
Mo.–Fr. 8–12 und 13–17 Uhr,
Sa. und So. nach Vereinbarung

*Ruwertal mit steinigem
Schiefer-Steilhang.*

der der jüngeren Konsumentengeneration zu begeistern. In säurebetonten Jahrgängen ist der Gutsriesling des Hauses ähnlich knackig.

Deutlich harmonischer wirken die trockenen Riesling Spätlesen und Auslesen, weil die Säure deutlich reifer schmeckt und ihr mehr Körper gegenübersteht, typischerweise zwölf bis 13 Volumenprozent Alkohol. Das führt zu einem pikanten Frucht-Säure-Spiel, begleitet von einer deutlich mineralischen Note. Man meint tatsächlich, winzige Kristalle über die Zunge fließen zu spüren. In säurebetonten Jahren erinnern die Fruchtnoten eher an rote Beeren und Äpfel, während die Weine aus sehr reifen Jahrgängen wie 2003 und 2005 einen eher an säuerliche exotische Früchte wie Maracuja und Sternfrucht denken lassen. Seit 1997 heißt die Spitze des trockenen Rieslingsortiments Auslese trocken S. Trotz sehr viel Kraft und Nachdruck ist dies keine Alkoholbombe, sondern besticht durch Eleganz und einen filigranen Touch. Wofür steht das S? »Saugut, sauteuer und sofort bezahlen!«, witzelt Tyrell, der empfiehlt, alle seine trockenen Rieslinge während der ersten fünf bis sechs Jahre nach der Lese zu trinken, da sonst ein kleiner Petrolton den Spaß beeinträchtigen könnte – so selbstkritisch ist er auch bei seinen persönlichen Lieblingsweinen.

Eine wichtige Spezialität des Hauses, die hier erstmals von Christoph Tyrells Urgroßvater gepflanzt wurde, ist der Weißburgunder. Bei den meisten Weingütern an Ruwer, Saar und Mosel ist diese Sorte nur ein Ausweichprodukt für Kunden, die für Riesling zu säureempfindlich sind, bei anderen ein peinlicher Baden-Abklatsch – aber hier ist der zugleich schmelzige wie sanft-frische Weißwein mit Noten nach karamellisierten Äpfeln, frischen Nüssen und Marzipan nur als rundum gelungen zu bezeichnen.

Der blitzige Karthäuserhof-Stil passt den Riesling Spät- und Auslesen mit natürlicher Traubensüße besonders gut und lässt ihre überschwänglichen, durch und durch frischen Aromen und die filigrane Säure auf der Zunge tanzen. Die vielschichtigen Duftnoten reichen von reifen Stachelbeeren über Ananas bis hin zu Pfirsich Melba. Durch ihre jugendliche Brillanz sind die Weine schon kurz nach der Abfüllung sehr ansprechend, können aber auch – wie Weine dieser Geschmacksrichtung von der Ruwer generell – phänomenal gut altern.

Die Saar behauptet gern, die wahre Heimat des Eisweins zu sein. Doch auch die Ruwer könnte diesen Titel für sich beanspruchen. Im Gegensatz zum Mosel- oder Saartal ist der kleinklimatische Einfluss des Ruwer-Flüsschens irrelevant, so dass die Temperatur bei klarem Himmel und Windstille durch Strahlungskälte rasant absacken kann. An der Saar kommen die meisten Eisweine hingegen aus Lagen, die zumindest ein wenig abseits des Flusses liegen, da dessen Wärme in diesem Fall kontraindiziert ist.

Die Karthäuserhof-Eisweine fallen oft besonders feinduftig und filigran aus, und ihre Säure beißt nicht, weil dahinter sehr reife Trauben stecken – schließlich konzentriert der Frost gnadenlos alles, auch unreife Aromen und Säure!

Die Weinberge von Karthäuserhof, Maximin Grünhaus und Kesselstatt bilden zusammen gut ein Drittel der Gesamtweinbergsfläche des Ruwertals, die während der letzten Generation von über 300 auf deutlich unter 200 Hektar geschrumpft ist. Der nächstbedeutende Erzeuger, Peter Geiben, würde über die Beschreibung »bedeutend« wahrscheinlich lachen, selbst wenn sein WEINGUT KARLSMÜHLE inzwischen 14,5 Hektar Weinberge umfasst, inklusiv zwei Alleinbesitzlagen. Lange Zeit schien »chaotisch« besser zu passen, weil Geiben es sichtbar schwer hatte, die Führung des Weinguts in Verbindung mit dem gleichnamigen Hotel und Restaurant zu meistern. Die Weine waren seit Ende der 1980er-Jahre immer mindestens sehr gut, aber das Drumherum häufig etwas unprofessionell, manchmal auch skurril. Dann kam 1999 die Entscheidung, das Hotel samt Gastronomie zu verpachten und sich komplett auf das deutlich gewachsene Weingut zu konzentrieren. 1994 hat Geiben das komplette Weingut Patheiger in Kasel übernommen und in seinen Betrieb integriert. Das bekam beiden Betrieben gut und ermöglichte erhebliche Investitionen in die Erweiterung des Gutshofs. Heute wirkt alles deutlich professioneller, auch wenn der eigenwillige Geiben sich keinesfalls den Konventionen angepasst hat.

Das belegt zum Beispiel der Kaseler Timpert: Peter Geiben hat ihn 2000 als zwei Hektar große Brachfläche übernommen und 2003 wieder bepflanzt. Im hohen Norden des Weins gelten Ostlagen nicht unbedingt als Spitzenlagen. Geiben jedoch berichtet von einer Fülle von persönlichen Beobachtungen in der »relativ verrückten Lage« und glaubt

Weingut Karlsmühle
Karlsmühle im Ruwertal
D-54318 Mertesdorf-Lorenzhof
Tel. +49 (0)6 51/51 24
Fax +49 (0)6 51/5 61 02 96
E-Mail: anfrage@weingut-
karlsmuehle.de
www.weingut-karlsmuehle.de
Öffnungszeiten:
nach Vereinbarung

fest an ihre besonderen Qualitäten: die Morgensonne erreiche sie zuerst, nach Regen trockne der Boden hier wesentlich schneller als anderswo, wenig Kaltluft fließe hinein und die wenige sehr gut ab. Der Name der Lage stammt übrigens von dem römischen Wort *tumbetum* für Grabfeld ab, und tatsächlich wurde 1902 ein römisches Grabfeld in direkter Nähe der Reben gefunden. Die Weinbergslage scheint ähnlichen Alters zu sein; normalerweise ein sicheres Zeichen für ein gutes Kleinklima. Der erste Wein aus der Neuanlage, der 2005er Riesling Spätlese feinherb, ist denn auch von einer für das Gebiet ungewöhnlichen Zartheit, auch in der Säure.

Das ist genau das Gegenteil der fordernden Rasse der Rieslinge aus Geibens anderer Alleinbesitzlage, dem Lorenzhöfer. Sie liegt hinter dem Gutshof, der auf den Fundamenten einer römischen Gesteinsmühle steht, an der Ostseite des Ruwertals. Wenn man von unten auf den nach Westsüdwest ausgerichteten Hang schaut, fällt einem angesichts der extremen Steilheit allein schon der Gedanke an die Pflege der Reben schwer. Ein Teil des Bergs ist querterrassiert, um die Bewirtschaftung zu erleichtern, und aus diesem Stück stammt der neue trockene Spitzenwein des Guts, der 2003 erstmals erzeugte Selektion von Quarzschiefer. Der Name ist kein leeres Versprechen – so etwas gibt es bei Geiben nicht: Er schmeckt immens mineralisch, extrem fest und geradlinig. Etwas saftiger und fruchtbetonter, mit der typischen reifen Zitronennote der Lorenzhöfer-Weine, ist der trockene Selektion von alten Reben. Ebenfalls ausdrucksstark und saftig fallen der trockene und der (kaum süßer schmeckende) feinherbe Molaris L. aus.

Geibens Weine sind nichts für harmoniesüchtige Menschen, sondern das Ergebnis einer kompromisslosen Akzeptanz des gewachsenen Charakters extremer Lagen. Auch die Lorenzhöfer mit natürlicher Traubensüße begeistern entweder oder sie schockieren, lassen aber garantiert niemanden kalt; Originalität und Ausdrucksstärke sind keinesfalls abzustreiten. Auch wenn die Riesling Spätlese fruchtig duftet – Zitrone, Ananas, Maracuja –, ist der gigantisch konzentrierte Wein so fest wie Schiefer, die Süße kaum spürbar. Die Säurefrische und Nachhaltigkeit steigern sich nochmals bei den Auslesen, die im Ruwer-Kontext sehr muskulös sind. Theoretisch sollten die Weine aus dem Kaseler Nies'chen

Rechts:
Die Weinlese mag aufregend und romantisch sein, aber im Steilhang bedeutet sie auch Schwerstarbeit. Wer würde gerne 30 Kilogramm Trauben einen rutschigen, 70 Prozent steilen Hang auf dem Buckel hinuntertragen?

zugänglicher sein, weil hier die Säure am reifsten ist, aber in puncto Aromatik sind auch dies extreme Weine. Der Riesling Kabinett mit natürlicher Traubensüße – an Ruwer, Saar und Mosel allgemein oft ein Kuschelwein – duftet nach wilden schwarzen Beeren, während die 2005er Riesling Spätlese aus der gleichen Lage richtiggehend schwarz duftet. Das ist Free Jazz in Form von Ruwer-Riesling!

Weingut Erben von Beulwitz
Eitelsbacher Weg 4
D-54318 Mertesdorf
Tel. +49 (0)6 51/9 56 10
Fax +49 (0)6 51/9 56 11 50
E-Mail: info@von-beulwitz.de
www.von-beulwitz.de
Öffnungszeiten:
nach Vereinbarung

Um die helle Seite des Ruwerweins zu erleben, muss man nur um wenige Ecken biegen und zum Hotel »Weis« in Mertesdorf gelangen. Herbert Weis hat 1982 das WEINGUT ERBEN VON BEULWITZ übernommen und führt es seitdem vom Hotel aus. Das lässt Touristenweine oder Chaos vermuten, aber der perfektionistische Weis hat das traditionsreiche Gut in stetigen kleinen Schritten wieder nach oben geführt. Die Fläche ist auf 7,5 Hektar gewachsen, und die gegenwärtige konstante hohe Qualität ist beeindruckend.

Die trockene Riesling Spätlese aus dem Nies'chen ist für Weis ein sehr wichtiger Wein, der sich im direkten Vergleich mit den Weinen dieser Kategorie aus den berühmtesten Häusern des Tals gut behauptet. Trotzdem ist er von ganz eigener Stilistik, mit moderatem (11,5 bis 12,5 Volumenprozent) Alkoholgehalt, richtigem Pfirsich-Melba-Duft, rassig und geschliffen mit verspieltem Nachklang. Der 2005 erstmals erzeugte Riesling trocken ohne Prädikat – Weis bezeichnet den Wein nicht als Großes Gewächs, auch wenn er eindeutig zu dieser Kategorie gehört – hat deutlich mehr Kraft und Tiefe. Nicht weniger lebhaft und filigran als die trockene Spätlese fällt die feinherbe Spätlese mit heiterem Spiel und nachhaltigen Kräuter- und Pfirsichnoten aus. Dass diese Weine keine Blender sind, beweisen vergleichbare Gewächse aus 1999, die heute noch lebendig und klar wirken.

Weis erzeugt mit der Riesling Spätlese Alte Reben seit 2002 einen prototypischen Wein mit natürlicher Süße aus dem Nies'chen, von dem es noch dazu einige Tausend Flaschen gibt. Er steckt voller reifer Fruchtaromen – der Bogen reicht von Stachelbeere bis Maracuja –, besitzt aber auch eine strahlende mineralische Säure, die die Traubensüße auf ihren Platz verweist. Einen großen Sprung nach oben, preislich und qualitativ, stellt die Riesling Auslese Alte Reben aus dem Nies'chen dar, die es ebenfalls seit 2002 gibt. Dieser Wein ist eine wahre exotische Fruchtbombe, ohne jeglichen Hauch von Kitsch und mit großartiger Dichte und Rasse.

Es sind erstaunliche Weine für einen Vorort von Trier, der sich möglicherweise auch als ein Vorort von Luxemburg betrachten ließe. Nur seine Steilheit hat das Nies'chen und manche anderen Lagen davor bewahrt, Bauland zu werden. Nicht einmal 50 Hektar Weinberge sind heute im Ruwertal in anderen Händen als denen der oben beschriebenen Betriebe, und die Zahl der Kleinbetriebe verringert sich fortwährend. Trotzdem gibt es, etwa vergleichbar zum Geschehen um Traben-Trarbach an der Mittelmosel, einige Minibetriebe, die Parzellen in den besten Lagen bewirtschaften.

Als KAI HAUSEN in Kasel seinen ersten Wein erzeugte, war er noch Student in Geisenheim. Der Wein stammte aus halbverwilderten Reben in der verkannten Lage Mertesdorfer Herrenberg, die enormen Aufwand erforderten, um wieder Wein hervorzubringen. Direkt angrenzend liegt die 0,3 Hektar große Parzelle von MARCO VAN ELKAN, dem Leiter des Instituts für Mittelstandsökonomie an der Universität Trier und Winzer-Autodidakten. Auch ihre Rieslinge sind strahlende, fruchtbetonte Charmeure!

D ie Weinberge und Weine aus den anderen Trierer Weintälern und Weinvororten, Avelsbach und Olewig, werden oft übersehen. So nah an Trier sind gefällige, günstige Weine leicht zu verkaufen, und ein Streben nach Qualität wirkt schnell deplaziert. Den jungen Sebastian Oberbillig allerdings vom WEINGUT DEUTSCHHERRENHOF in Olewig interessiert das gar nicht. Er verfolgt ein langfristiges Ziel, und das heißt Spitzenweine und Anerkennung. Auch dieser Jungwinzer hat bereits vor Abschluss seines Weinbaustudiums in Geisenheim begonnen, eigene Weine zu erzeugen. Sein Debüt 1998 hieß Sebastian Nr. 1 Riesling und stammte aus dem Weinberg, den er als Geschenk von seinem Vater zum 18. Geburtstag bekam. Er ist inzwischen ein fester Bestandteil des kleinen Sortiments von herben Weinen. Blüten- und Zitrusnoten sind sehr ansprechend, der Wein hat Spiel und einen zarten Hauch unvergorener Traubensüße. Der besondere Charakter der Olewiger Rieslinge kommt noch klarer beim Riesling Alte Reben zum Ausdruck. Die lebendigen Aromen nach weißen Pfirsichen und

Kai Hausen
Zur Lay 13a
D-54317 Kassel
Tel. +49 (0) 01 79/7 07 70 10
E-Mail: kaihausen@gmx.de
Öffnungszeiten:
nach Vereinbarung

Marco van Elkan
Rieslingweg 1
D-54318 Mertesdorf
Tel. +49 (0)6 51/9 95 44 75
Fax +49 (0)6 51/9 95 44 76
E-Mail: info@vanelkan.de
Öffnungszeiten:
nach Vereinbarung

Weingut Deutschherrenhof
Olewigerstraße 181
D-54295 Trier
Tel. +49 (0)6 51/3 11 13
Fax +49 (0)6 51/3 04 63
E-Mail: info@weingut-deutschherrenhof.de
www.weingut-deutschherrenhof.de
Öffnungszeiten:
Mo.–Sa. 8–18 Uhr und nach Vereinbarung
Weinstube: Fr.–Sa. ab 18 Uhr und nach Vereinbarung

weißen Johannisbeeren werden von zartem Schmelz und schöner Frische gestützt. An der Spitze steht der Riesling Selektion aus dem roten Schieferboden der Lage Trierer Deutschherrenberg. Hier sind die Beeren- und Blütennoten sehr ausgeprägt und der Wein kräftig und füllig, ohne aber dank der nachhaltigen zitronigen Note schwer zu wirken. Ähnlich beeindruckend ist die Riesling Spätlese feinherb aus dem Trierer Burgberg, ein zugleich herzhafter und rassiger Wein. Es handelt sich durchwegs um selbstbewusste moderne Weine, die aber keineswegs einfache Modeprodukte sind. Das Gleiche gilt für die überzeugenden Riesling Spätlesen mit natürliche Süße, die Saft und Spiel zeigen. Hier könnte es in den nächsten Jahren einen deutlichen Sprung nach oben geben, nicht am wenigsten durch die Rekultivierung des steilsten und besten Teils des Trierer Deutschherrenberg. Der 8,5 Hektar große Betrieb wirkt schon heute viel mehr wie ein echtes Weingut als eine Weinstube, was er (noch) ist.

Olewigs anderes aufstrebendes Gut, das von Christine und Wolfgang geleitete BECKER'S, ist keine urige Weinstube, sondern ein Gourmettempel samt Michelin-Stern und glanzvollem Neubau. Seit Gernot Kollmann, der ehemalige Verwalter des Weinguts van Volxem (siehe Seite 144), 2005 die Vinifizierung des 3,5 Hektar großen Betriebs übernommen hat, fand eine wahre Revolution statt. Die mengenmäßig wichtigsten Weine sind die trockenen und feinherben Rieslinge, ungewöhnlich weinige, substanzielle Gewächse für dieses Gebiet; ein roter Faden, der sich durch sämtliche Becker's-Weine zieht. Die in der Barrique ausgebauten Weiß- und Grauburgunder sind füllig-geschmeidig mit ausgeprägten Noten nach gerösteten Nüssen (Weißburgunder) und karamellisierten Birnen (Grauburgunder); sie trotzen dem herrschenden Gebietskonsens ebenso radikal wie erfolgreich. Noch eleganter mit feiner kandierter Zitrusnote wirkt der trockene Chardonnay. Bei den Rotweinen aus Spätburgunder und Cabernet Sauvignon bahnt sich eine zweite Revolution an. Aus dem Fass probiert, hätte der Spätburgunder als burgundischer Rotwein durchgehen können und der Cabernet als Norditaliener. Wenn die globale Erwärmung weiter voranschreitet, könnte es sein, dass Olewig, Ruwer und Saar in wenigen Jahren nicht nur mit spannenden Rieslingen auftrumpfen.

Becker's
Olewigerstraße 206
D-54295 Trier-Olewig
Tel. +49 (0)6 51/9 38 08 0
E-Mail: info@beckers-trier.de
www.beckers-trier.de
Öffnungszeiten:
Di.–Sa. ab 19 Uhr, Mo. Ruhetag

Saar, Ruwer und Trier in Zahlen

	1905	1979	2005	Trend
Gesamtrebfläche :	819 ha	1728 ha	927 ha	↘
Weiße Rebsorten insgesamt	100 % = 819 ha	99,9 % = 1726 ha	93,6 % = 868 ha	↘
Riesling	95 % = 775 ha	70,8 % = 1223 ha	81,3 % = 753 ha	↘
Silvaner	5 % = 45 ha	–	–	⇨
Weißburgunder	–	0,35 % = 6 ha	3,2 % = 30 ha	⇧
Müller-Thurgau	–	18,5 % = 319 ha	4,7 % = 44 ha	↘
Kerner	–	3,2 % = 56 ha	1,6 % = 15 ha	↘
Sonstige	–	7,4 % = 122 ha	2,8 % = 26 ha	↘
Rote Rebsorten insgesamt	–	0,1 % = 2 ha	6,4 % = 59 ha	↗
Spätburgunder	–	–	3,9 % = 36 ha	⇧
Dornfelder	–	–	1,3 % = 12 ha	⇨
Sonstige	–	0,1 % = 2 ha	1,2 % = 11 ha	⇨

Quellen: Die Zahlen für 1979 und 2005 sind auf der Basis von Daten des Statistischen Landesamts Rheinland-Pfalz in Bad Ems berechnet worden, und die Angabe für die Gesamtrebfläche 1905 basiert auf der Statistik des Preußischen Katasteramts.

WEITERE EMPFOHLENE WEINGÜTER

Bischöfliche Weingüter
Gervasiusstraße 1
D-54290 Trier
Tel. +49 (0)6 51/14 57 60
Fax +49 (0)6 51/4 02 53
E-Mail: info@bwgtrier.de
www.bwgtrier.de
Öffnungszeiten: Mo. – Fr. 9–18 Uhr, Sa. 10–14 Uhr
Hier waren die zahlreichen Weine im Programm immer solid, aber seit Helmut Plurien (vorher beim Bürgerspital in Würzburg/Franken) Direktor ist, strebt der große Zusammenschluss kirchlicher Weingüter eindeutig nach besserer Qualität.

Weingut Dr. Fischer
Bocksteinhof
D-54441 Ockfen
Tel. +49 (0)65 81/21 50
Fax +49 (0)65 81/6 62 69
E-Mail: Dr.Fischer-Ockfen@t-online.de
www.dr-fischer-ockfen.de
Öffnungszeiten: nach Vereinbarung
Das berühmteste Weingut in Ockfen hält weiterhin fest am traditionellen Stil des Hauses, schlanke, filigrane Weine mit »klassischer« Saar-Säure.

Vereinigte Hospitien
Krahnenufer 19
D-54290 Trier
Tel. +49 (0)6 51/9 45 12 10
Fax +49 (0)6 51/9 45 20 60
E-Mail: weingut@vereinigte hospitien.de
www.vereinigtehospitien.de
Öffnungszeiten: Mo.–Do. 8–12.30 und 13.30–17 Uhr, Fr. 8–12.30 und 13.30–16 Uhr
Ein Besuch hier lohnt sich, um den ältesten Weinkeller Deutschlands zu sehen. Er wurde zwar nicht als Weinkeller gebaut, ist aber eindeutig römischen Ursprungs.
Die Weine sind klar, fruchtbetont und modern.

Weingut Margarethenhof
Kirchstraße 17
D-54441 Ayl
Tel. +49 (0)65 81/25 38
Fax +49 (0)65 81/68 29
E-Mail: mail@margarethenhof-ayl.de
www.margarethenhof-ayl.de
Öffnungszeiten: Mo.–Fr. 9.30–18 Uhr, Sa. 9.30–17 Uhr und nach Vereinbarung
Blitzsauber, harmonisch und ansprechend sind die trockenen und feinherben Weine von Jürgen und Dorothee Weber.

Weingut Piedmont
Saartal 1
D-54329 Filzen
Tel. +49 (0)65 01/9 90 09
Fax +49 (0)65 01/9 90 03
E-Mail: piedmont-weingut@t-online.de
Öffnungszeiten: Mo.–Fr. 9–19 Uhr, Sa 10–19 Uhr
Claus Piedmont steht auf leichte und trockene oder feinherbe Weine, die stets frisch und spritzig wirken.

Weingut Reverchon
Saartalstraße 3
D-54329 Filzen
Tel. +49 (0)65 01/92 35 00
Fax +49 (0)65 01/92 35 09
E-Mail: kontakt@weingut-reverchon.de
www.weingut-reverchon.de
Öffnungszeiten: nach Vereinbarung
Der neue Besitzer dieses traditionsreichen Gutes, Hans Maret, versucht das Gut wieder nach oben zu führen.

Weingut Dr. Siemens
Römerstraße 63
D-54455 Serrig
Tel. +49 (0)65 81/9 20 09 92
Fax +49 (0)65 81/9 20 09 93
www.dr-siemens.de
Öffnungszeiten: nach Vereinbarung
Nach einem Jahrzehnt in der Chefredaktion der »Frankfurter Rundschau« und einer Zeit als Chefredakteur der Zeitschrift »Alles Über Wein« haben Dr. Jochen Siemens und seine amerikanische Frau Karen den Sprung ins tiefe Wasser gewagt und das alte Weingut Bert Simon in Serrig gekauft. Die filigranen und mineralischen 2007er Rieslinge und der feinduftige, elegante 2006er Spätburgunder Rotwein sind beeindruckend. Wenn es weiter so geht, zieht das Gut an die Spitze der Saar.

HOTELS
UND
RESTAURANTS

AYL

Weinhaus Ayler Kupp
Trierer Straße 49
D-54441 Ayl
Tel. +49 (0)65 81/30 31
Fax +49 (0)65 81/23 44
E-Mail: info@saarriesling.de
www.saarriesling.de
Öffnungszeiten: Di.–Fr. ab 15 Uhr,
Sa. und So. ab 12 Uhr, Mo. Ruhetag
Zu Recht nennen die Lauers ihr
Lokal ein »Weinbistro«. Hier gibt
es eine sehr stimmige, unpräten-
tiöse Küche, die wunderbar zu den
feinherben Rieslingen des Hauses
passt. Die Zimmer sind überra-
schend modern und stilvoll ein-
gerichtet.
Preisniveau: €€

MERTESDORF

Hotel Karlsmühle
Im Mühlengrund 1
D-54318 Mertesdorf
Tel. +49 (0)6 51/51 23
Fax +49 (0)6 51/5 20 16
E-Mail: info@karlsmuehle.de
www.karlsmuehle.de
Idyllisch und ruhig gelegenes Hotel
zwischen Wiesen und Weinbergen
des Ruwertals. Kein gehobener
Standard, jedoch sehr angenehm
und freundlich.
Preisniveau: €

Hotel Weis
Restaurant Vinum & Weinstube
Von Beulwitz
Eitelsbacher Straße 4
D-54318 Mertesdorf
Tel. +49 (0)6 51/9 56 10
Fax +49 (0)6 51/9 56 11 50
E-Mail: info@hotel-weis.de
www.hotel-weis.de
Öffnungszeiten Restaurant: täglich
10–14 und 18–22 Uhr
Modernes und sehr komfortables
Hotel im Ruwertal mit herrlichem
Blick auf Maximin Grünhaus. Das
Restaurant sowie die Weinstube
sind empfehlenswert. Hier sollte
man die feinen Rieslinge des hausei-
genen Weinguts Erben von Beul-
witz genießen.
Preisniveau: €€

SAARBURG

Hotel & Restaurant Villa Keller
Brückenstraße 1
D-54439 Saarburg
Tel. +49 (0)65 81/9 29 10
Fax +49 (0)65 81/92 91 22
E-Mail: info@villa-keller.de
www.villa-keller.de
Öffnungszeiten Restaurant:
Di. 18–22 Uhr, Mi.–So. 12–14 und
18–22 Uhr, Mo. Ruhetag
Das schönste Hotel an der Saar
liegt direkt am Ufer im Saarburger
Stadtteil Beurig nahe dem Bahnhof,
nur wenige Schritte von Weingut
Dr. Wagner entfernt. Der Blick auf
die Burg und die Altstadt von Saar-
burg ist herrlich. Die feine Küche ist
auch ein guter Grund hierherzu-
kommen, und die Weinkarte bietet
viele tolle Saarweine, die längst im
Gut ausverkauft sind. Es gibt auch
ein Wirtshaus und einen Biergarten.
Preisniveau: €€

SERRIG

Gasthaus Wagner
Losheimer Straße 3
D-54455 Serrig
Tel. +49 (0)65 81/22 77
Fax +49 (0)65 81/67 86
Öffnungszeiten: Mi. Ruhetag,
sonst nur abends geöffnet,
außer Do. (Juni bis Oktober)
ab 16 Uhr
Die Location in der Ortsmitte ist
recht unscheinbar, aber in diesem
historischen Lokal kocht Peter
Adams mit Leidenschaft und
gutem Gespür für die Weine
des Gebiets.
Preisniveau: €

TRIER

Restaurant Bagatelle
Zurlaubener Ufer 78
D-54292 Trier
Tel. +49 (0)6 51/2 97 22
Fax +49 (0)6 51/2 77 54
E-Mail: info@bagatelle-trier.com
www.bagatelle-trier.com
Öffnungszeiten: täglich 11.45–14.15
und 18–22.15 Uhr
Direkt am Moselufer in einer
historischen Straße gelegen ist das
Bagatelle sicher nicht das allerbeste
Restaurant des Gebiets, aber hier
werden eine stimmige französisch-
deutsche Küche und der Mosel-
Riesling gefeiert.
Preisniveau: €€

Becker's Restaurant & Hotel
Olewiger Straße 206
D-54295 Trier-Olewig
Tel. +49 (0)6 51/93 80 80
Fax +49 (0)6 51/9 38 08 88
E-Mail: info@beckers-trier.de
www.beckers-trier.de
Öffnungszeiten Restaurant:
Di.–Sa. ab 19 Uhr,
So. und Mo. Ruhetag
Die beste Küche Triers (hier sind
die Kombinationen wirklich feinfüh-
lig und alles ist auf den Punkt
gebracht) besitzt jetzt einen hoch-
modernen Rahmen. Auch die
Zimmer sind passend eingerichtet.
In der Weinbar kann man die
beeindruckenden neuen Weine
des Hauses ganz cool genießen.
Das 21. Jahrhundert hat an der
Mosel Einzug gehalten!
Preisniveau: €€€

Restaurant Schloss Monaise
Monaiser Straße 7
D-54294 Trier-Zewen
Tel. +49 (0)6 51/82 86 70
Fax +49 (0)6 51/82 86 71
E-Mail: monaise@t-online.de
www.schloss-monaise.de
Öffnungszeiten: täglich 12–14.30
und 18–22 Uhr
Hubert Scheid ist einer der begab-
testen Köche in diesem Teil
Deutschlands, aber die Tagesform
schwankt ein wenig. In Bestform
serviert er eine recht üppige, aber
feine Küche, die optimal zu Mosel-
Riesling passt. Scheidt besitzt ein
unter Köchen sehr seltenes und
sicheres Gespür, welcher Wein zu
welchem Gericht am besten passt.
Die Weinkarte ist prächtig! Günstig
ist nichts in diesem Haus, aber was
erwartet man in der ehemaligen
Sommerresidenz eines Adligen,
die 1780 direkt am Moselufer
errichtet wurde?
Preisniveau: €€€

OBERMOSEL UND LUXEMBURG

Impulse für die Burgundermosel

Von Manfred Lüer

E s geht an der Obermosel bacchantisch zu, locker, flockig und sogar ein wenig mediterran. Die üblichen Assoziationen, die man mit dem Begriff Mosel-Weinbau verbindet, verlieren sich flussaufwärts von Trier. Den engen, im dunklen Devonschiefer tief eingeschnittenen Talcharakter der Mittelmosel mit den steilen, sonnenbeschienenen Rebhängen gibt es hier ebenso wenig wie die vom Fachwerkbau unter mittelalterlichen Burgruinen bestimmten Stadtbilder. Stattdessen weitet sich das Tal, werden die Hügel geschwungener und grüner und die verwunschenen Weindörfer pittoresker. *Mosella*, *la Moselle*, *de Musel* – hier im Dreiländereck zwischen Deutschland, Frankreich und Luxemburg hat die Mosel viele Namen und ist trotz des Sprachengewirrs ein bisschen stiller als anderswo.

Auf den ersten Blick ist die Obermosel also ein idyllisches Stück Vereinigtes Europa mit einem legeren, lässigen Charme. Die Mosel bildet zwischen Metz, Schengen und Trier eine natürliche Grenze, und bereits die Römer verglichen die sanften Hügel der Region mit denen ihrer Heimat, sie waren von den leichten fruchtigen Weinen, die schon damals hier erzeugt werden konnten, begeistert und transportierten große Mengen davon jährlich nach Italien, wo diese äußerst beliebt waren. Auf dem Rückweg brachten die Fernhändler dann Olivenöl, Mosaiken und andere Waren des Mittelmeerraumes mit.

U m ein tieferes Verständnis dieser heiteren, europäisch gestimmten Region zu erlangen, muss man den Vergleich mit einem historischen Ereignis heranziehen, das noch vor der Blütezeit des Römischen Reichs liegt. Als 568 vor Christus der babylonische König Nebukadnezar II. Jerusalem eroberte und den Tempel zerstörte, wurde anschließend die jüdische Oberschicht in die Gefangenschaft verschleppt. Im Zuge der so genannten Babylonischen Gefangenschaft assimilierten sich die in und um Babylon angesiedelten Juden, machten sogar im Hofstaat und Militär von Nebukadnezar Karriere, während als Gegenreflex sich die

OBERMOSEL UND LUXEMBURG

■ WEINANBAU   ■ STÄDTE & DÖRFER

 Unsere Top Ten

L U X E M B U R G

A7

Flughafen

A1

Luxemburg
Luxembourg

Greven-macher

Tem

Wormeldange   Ahn   Nit

Ehnen

Wincheringen

Wehr

Bous   Palzem

Remich

Nennig

Mondorf-Les-Bains

Staatsgrenzen →   **A13**

A13

Perl
Schengen   9

Mosel

6° 30' ÖSTLICHER LÄNGE

F R A N K R E I C H

↓
Metz

9 Perl
Archäologiepark Perl-Borg
www.villa-borg.de

10 Mandern
Schloss Malbrouck
www.chateau-malbrouck.com

Godendorf

Sauer

Sirzenich

Metzdorf

Mosel

A64

Grewenich

gsur

Mesenich

Trier

Wasserbillig

Wasser-
liesch

berbillig Konz

Saar

Ayl

R H E I N L A N D - P F A L Z
D E U T S C H L A N D

Mandern
10

Saarburg

BREITE

↑
Norden
5 km

K A R T E N A U S S C H N I T T

HANNOVER

DÜSSELDORF

BONN

FRANKFURT

LUXEMBURG

TRIER

HEIDELBERG

STUTTGART

STRASSBURG

© Infographic.de

jüdische Theologie trotz allem fest auf ihren Glauben und ihre Traditionen konzentrieren konnte.

Die Situation der Winzer an der deutschen Obermosel lässt im übertragenen Sinn durchaus Parallelen zu diesem historischen Ereignis aufkommen. Denn die Metapher der Babylonischen Gefangenschaft kann auch für eine in falschen Abhängigkeiten und irrigen Annahmen quasi gefangene Denkweise stehen: Als der Riesling an der Schiefer-Mosel flussabwärts von Trier immer mehr boomte und immer höhere Preise erzielte, verfestigte sich die Vorstellung, dass hochwertiger Wein von der Mosel Riesling sein muss – und sonst nichts. Im Gegenzug dazu, und um sich ihre Identität zu bewahren, hielten die deutschen Winzer an der Obermosel vielleicht sogar noch hartnäckiger an ihrem Elbling fest, der als Fassware für Sektgrundwein durchaus ein anständiges Einkommen sichern konnte. Andererseits übersah man durch diese Fixierung – und vielleicht auch durch den bescheidenen wirtschaftlichen Erfolg – die eigentlichen Möglichkeiten des Gebietes, während die Luxemburger Kollegen unbefangener an die Sache herangehen und sich frühzeitiger um die Burgundersorten kümmern konnten. Als Appendix der großen Riesling-Schieferregion Mosel–Saar–Ruwer hat man es dagegen auf deutscher Seite lange Zeit leider gar nicht so richtig mitbekommen, über wirklich wertvolle und eigenständige Weinberge zu verfügen, und pochte womöglich zu sehr auf den Elbling – was wiederum weitreichende Folgen hatte.

Elbling
Die weiße Rebsorte kam mit den Römern an die Mosel. Heute ist sie an der Obermosel und um Bremm an der Terrassenmosel zu finden.

■ **Die Winzer trauen der Eigenständigkeit ihrer Region selbst nicht!**
Gernot Kollmann, Trier

»Da der Elbling sauer blieb, und sein Potenzial naturgemäß nicht dem des Rieslings entspricht«, meint Obermosel-Kenner Gernot Kollmann aus Trier, »glaubte man auch, es gebe an der Obermosel ein schlechteres Reifepotenzial. Das würden einem noch heute viele deutsche Winzer in der Region bestätigen. Doch das ist natürlich völliger Quatsch! Denn das Gebiet hat ein immenses natürliches Potenzial bei den Burgundern. Und so musste der Burgundersortenimpuls, der gerade mal 15 Jahre alt ist, über die frankophilere Luxemburger Seite über den Fluss getragen werden.«

Das Reifepotential an der Burgundermosel ist oft größer als angenommen.

Die Obermosel ist touristisch sehr im Kommen, der Direktvermarktungsanteil, und damit auch die Weinqualität, steigt. Es gibt gute Mittelklassebetriebe und aufstrebende junge Winzer, auf beiden Seiten des Flusses, aber leider kein wirklich überragendes Spitzengut, das in Vorbildfunktion das natürliche Potenzial des Gebietes voll ausschöpft – und vielleicht könnte auch das Lagenbewusstsein insgesamt noch deutlicher ausgeprägt sein. Wie hoch Kollmann, Ex-Kellermeister des Saar-Weinguts Van Volxem (siehe Seite 117), die Güte einiger Weinberge einschätzt, zeigt sein neustes Rekultivierungsprojekt: der Langsurer Bruederberg. Ab Mai 2006 machte sich der Trierer daran, diese 3,5 Hektar große, südlich exponierte Muschelkalksteillage, die teilweise bis zu 25 Jahre brachgelegen hat, durch zwei Quellen über eine ausreichende Wasserversorgung verfügt und im oberen Teil terrassiert ist, aufwendig zu rekultivieren. Er rodete Brombeerhecken und pflanzte 25 verschiedene Chardonnay-Klone an, die weitgehend aus dem Burgund stammen. Die Unterlage zeichnet sich durch niedrige Wüchsigkeit, gute Holzreife, Frostbeständigkeit und Krankheitsresistenz aus, sie verkraftet außerdem ziemlich problemlos einigen Trockenstress.

Muschelkalk
1. Mittlerer Zeitabschnitt der Germanischen Trias; 2. Fossilienführender Kalkstein, der aus Ablagerungen während des Muschelkalks hervorgegangen ist.

Chardonnay ist für Kollmann, der auch als Berater für Weingüter tätig ist und eine Winzerlehre bei Ernst Loosen vom Weingut Dr. Loosen in Bernkastel (siehe Seite 22) absolviert hat, eine ideale Sorte für die potenzielle Burgundermosel, weil diese Sorte auch bei hoher Reife und bei niedrigen Erträgen noch eine lebendige Säure und ein feines Fruchtspiel zeigt. Der erste Wein soll vom Jahrgang 2009 gekeltert und in gebrauchten Holzfässern ausgebaut werden, mit Erträgen unter 40 Hektoliter pro Hektar.

»Der Wein soll bei aller Konzentration durch eine elegante Kühle geprägt sein, unter der sich die mineralische Struktur des Herkunftsgesteins besonders gut zeigen kann«, sagt Gernot Kollmann und verweist auf den seiner Ansicht nach für diesen Teil der Mosel prädestinierten Weintyp: feinfruchtig in den Aromen, fast ein wenig streng in der Mineralität, fest, langlebig und bei aller Nachhaltigkeit eher schlank und fein. Also Weine, wie sie einem eher traditionellen Stil im Chablis-Gebiet entsprechen. Und tatsächlich gibt es auch jetzt schon einige beeindruckende Weine an der Obermosel, die diesem Ideal nachkommen und das Vorurteil vom schlanken, säurebetonten Moselwein explosiv sprengen – wenngleich sie der gnadenlosen Schönheit und fast schon überirdischen aromatischen Intensität der besten Rieslinge von Mosel–Saar–Ruwer nicht nachkommen können. Aber ist es nicht purer, genussfeindlicher Chauvi-Snobismus, den Moselwein immer nur auf Riesling zu reduzieren?

Denn mitten im Herzen von Europa, also dort, wo in Schengen 1985 und 1990 zwei Abkommen zum Abbau der Binnengrenzen in einem vereinigten Europa von den meisten Mitgliedstaaten der Europäischen Union (EU) unterzeichnet worden sind, gibt es leider noch immer einen blinden Fleck auf der Landkarte vieler Weinkritiker und Verfasser von Büchern über europäische Weinlandschaften: die Obermosel. In deren Köpfen scheint das genussfeindliche Dogma regelrecht festgepanzert zu sein, dass *richtiger* Moselwein mit Riesling gleichzusetzen sei und eine *richtige* Mosel-Tour oder *tour of the moselle* (im deutsch- und englischsprachigen Raum ist dieses Vorurteil wohl am weitesten verbreitet) bei Trier beginnt, aber von dort aus, selbstverständlich, nur in Richtung Rhein führt! Aber heißt wahre Genussfähigkeit nicht auch, den Blick über den Tellerrand zu werfen und sich an neuen Erfahrungen zu erfrischen?

Wer also meint, nur Riesling in Kombination mit Schiefer habe an der Mosel etwas zu suchen, der darf gerne aufhören weiterzulesen. Wer aber bereit ist, Dogmen in Frage zu stellen, Vorurteile über Bord zu werfen und sich von der Vielfalt, die den gesamten deutschsprachigen Weinraum kennzeichnet, mitreißen zu lassen, kann an der Obermosel ansprechende, charmante Trinkweine zu teils überaus moderaten Preisen, aber auch geschmeidige Spitzen-Burgunder ebenso wie knackig-spritzige Elblinge entdecken. Teils ganz hervorragend schmecken einige Crémants und stilvolle Elblingsekte: echte Champagner-Alternativen aus dem herrlich süffigen Dreiländereck.

Doch auch die ziemlich vertrackte Geschichte eines gut 2000 Hektar großen natürlichen Weinraums, der im Laufe seiner Geschichte arg gebeutelt worden ist, ist lesenswert. Dabei sind die Grenzziehungen – wie die Staatsgrenze, die seit 1815 den Obermoselraum durchzieht und einen natürlichen Talraum in zwei unterschiedliche Kulturgebiete mit erheblichen Stil- und Intensitätsdifferenzen teilt – für das

Crémant
Bezeichnung für französischen Schaumwein, der in gesetzlich festgelegten Gebieten außerhalb der Champagne nach streng definierten Herstellungsverfahren erzeugt wird, u.a. als Crémant d'Alsace im Elsass.

Schicksal des Region bestimmend. Die Mosel wird zum Grenzfluss, und auf Luxemburger Seite entsteht eine Wein-Monokulturlandschaft, die dank staatlicher Unterstützung flurbereinigt und weitgehend intakt erscheint, auf der anderen, der deutschen Seite bildet sich eine stark zergliederte, zersplitterte, trotz einiger Renaturierungsmaßnahmen noch immer mit zahlreichen Brachflächen durchsetzte Weinbergsflur, die durch zahlreiche Abschnitte aufgelockert wird, in der Acker- und Obstbau betrieben werden. Dass mitten in diesem Gebiet das Schengener Abkommen unterzeichnet wurde, mutet da wie eine fast traurige Ironie der Geschichte an, in deren Verlauf das kleine, feine Gebiet gleich mehrfach gerüttelt, geschüttelt und von so manchen politischen Unruhen regelrecht aufgemischt wurde.

D och der Reihe nach. 1787 erließ der letzte Trierer Kurfürst, Clemens Wenzeslaus von Sachsen, eine landesherrliche Verordnung, die im Zuge der beginnenden Qualitätsbestrebungen das Ziel hatte, das oft miserable Weinniveau beträchtlich zu steigern. Als eine wesentliche Ursache sah der Kurfürst die Bestockung mit minderwertigen Rebsorten, die traditionell auch in einem Gemischten Satz gepflanzt wurden. Daher sollten per Dekret Weinreben minderer Qualität ausgerottet und durch Sorten höherer Qualität wie etwa durch Riesling ersetzt werden.

Die Umsetzung geschah im Trierer Territorium rigoros, lediglich am Randbereich flussaufwärts von Trier murrten die Winzer und muckten auf. Denn hier herrschte an Orten wie Nittel, Perl oder Wincheringen vielfach, wie in Regionen des Bodensees, ein Kondominium, also eine gemeinschaftlich ausgeübte Herrschaft mehrerer Herrschaftsträger über ein Gebiet, in diesem Fall mit Frankreich und dem Herzogtum Luxemburg. Daher konnte das kurtrierische Dekret, auch Riesling-Edikt genannt, nicht in dem Maße durchgesetzt werden wie flussabwärts von Trier.

Als nun 1788 die Winzer der Obermosel die aus römischer Zeit herrührende, alte Kultursorte Elbling wie gewohnt anpflanzen wollten, ergriff die kurtrierische Verwaltung drastische Maßnahmen. Im Zuge der Winzerverfolgung wurden zahlreiche hiesige Weinbauern verhaftet und einige von ihnen zur Strafe an Mariä Himmelfahrt sogar auf dem Scheiterhaufen bei lebendigem Leib inmitten der

Nachfolgende Doppelseite:
Das Tal der Mosel aufwärts von Trier ist offener und lieblicher als in den vom Schiefer dominierten Abschnitten flußabwärts.

Weinberge verbrannt. Diese Greuel zermürbten den Widerstand, und auf kurtrierischem Gebiet der Obermosel wurden auch neue Reben gepflanzt – bis schließlich die französischen Revolutionstruppen einrückten, was dem Aufflackern des Rieslingspuks ein Ende machte und indirekt zum Erhalt des Elblings führte, der auch heute noch die wichtigste Sorte auf deutscher Seite darstellt.

Dadurch geriet dieser Abschnitt der Mosel aber noch weiter ins Hintertreffen, denn dem aufstrebenden Riesling hatte die Obermosel nichts Gleichwertiges entgegenzusetzen. Zudem lag die hiesige Rebkultur durch den Rückzug der Klöster infolge der Säkularisierung – vor allem die Reichsabtei St. Maximin in Trier war in der Region bis hin nach Lothringen reich begütert –, die Verwüstungen des Dreißigjährigen Krieges und die kurtrierische Agrarpolitik, die den Weinbau in den Saargau- und Obermoselgemeinden ziemlich straff regulierte, förmlich brach. Die Ausgangslage des deutschen und luxemburgischen Weinbaus an der Obermosel war Anfang des 19. Jahrhunderts also gleichermaßen ungünstig, und erst mit dem Wiener Kongress, der 1815 die Grenze zwischen dem neugebildeten Großherzogtum Luxemburg und der zu Preußen gehörenden Rheinprovinz mit dem Mosellauf festlegte, begann die Schere eines natürlichen Weinraumes in zwei unterschiedliche Hälften und zwei unterschiedliche Wein-Kulturräume auseinanderzugehen – und das ist der Beginn der eigentlichen Geschichte der Obermosel, die bis in die Jetztzeit hinein nachwirkt. Denn die Entwicklung auf Luxemburger und auf deutscher Seite verlief von da an konträr und unter unterschiedlichen Bedingungen.

Die rechte Uferseite gehörte seit 1815 zu dem weinarmen Preußen, konnte sich jedoch wegen der Randlage, der ungünstigen Verkehrswege und auch qualitativ gegenüber den Rieslingen vom Rhein und seinen Nebenflüssen nicht behaupten. Günstiger war die Lage in Luxemburg, wo eine inländische Konkurrenz für den Moselwein fehlte und der Weinverbrauch, damals wie heute, sehr hoch war. 1842 wurde schließlich die Zollunion mit Preußen beschlossen. Für die wirtschaftliche Prosperität von Luxemburg war der Wein einer der wichtigsten Handelsartikel, und der deutsche Markt war für den luxemburgischen Weinbau der mit großem Abstand wichtigste Absatzmarkt. Es herrschte

Die Vielfalt der Traubensorten an der Burgundermosel ist immens. Speziell die Pinot-Sorten sind stark im Kommen.

schließlich um die vorletzte Jahrhundertwende ein reger Grenzverkehr, die Luxemburger Rebfläche stieg deutlich an und übertraf mit 1859 Hektar sogar die heutige Fläche von 1299 Hektar.

D er Moselwein war damals eine Art Modewein, wenngleich die qualitativ meist minderwertigen Obermoselweine überwiegend als Fasswein verkauft wurden und zum Verschneiden oder zum Versekten dienten. Der Obermoselwein war damals noch kein wirklich marktfähiges Produkt, und der Qualitätsgedanke, der seit Anfang des 19. Jahrhunderts an Saar und Mittelmosel von den Weingütern und ab 1918 vom Staat in Luxemburg initiiert wurde, konnte auf der deutschen Seite nie so recht Fuß fassen. Denn überwiegend wurde dort in Gemischtbetrieben für den Eigenbedarf produziert, und die staatlichen Maßnahmen waren nur unzureichend auf die Bedürfnisse der Ausnahmesituation eines recht isolierten Randgebietes gerichtet.

Alte Terrassenweinberge werden auf deutscher Seite wieder zunehmend mit Reben bestockt.

Die Versailler Verträge von 1919 legten schließlich fest, dass Luxemburg die Zollunion mit Deutschland nicht weiter fortsetzen konnte, und nun bildete die Obermosel gleichzeitig auch eine Zoll- und Wirtschaftsgrenze. Von da an drifteten die beiden natürlichen Räume noch weiter auseinander. Die Luxemburger Weine mussten sich nun im belgischen Wirtschaftsgebiet behaupten, und seitens der Regierung wurden die notwendigen Schritte vom Quantitäts- zum Qualitäts-Weinbau eingeleitet. Dazu gehörten eine Umstellung auf Edelsorten ebenso wie die Konzentration auf die ökologisch optimalen Lagen im Moseltal (wohingegen auf deutscher Seite eine Ausweitung eher in Richtung der Talsohlen ging) sowie die Einrichtung und Förderung von Genossenschaften und die Organisation einer Weinmarke, die auch heute noch geläufige *Marque Nationale*. Der Staat sorgte, insbesondere durch Subventionen, für ein Gedeihen und Fortkommen des Qualitäts-Weinbaus. Auf deutscher Seite hingegen verlief die Entwicklung eher in Richtung Quantität, und erst in den letzten Jahren besinnen sich die – in ihrer Mentalität teils auch recht konservativ eingestellten – deutschen Winzer darauf, sich von dieser unseligen Folie eines Konsumweingebietes peu à peu abzulösen.

Keuper
Jüngste Periode der erd-
geschichtlichen Trias-Epoche
nach Buntsandstein und Muschelkalk. Nach ihr ist eine aus
Sandsteinen, Tonen, Gips und
Letten bestehende Boden-
formation benannt.

Trotz unterschiedlicher Startvoraussetzungen kann also etwas im Herzen von Europa wieder näher zusammenwachsen, was durch die Staatsgrenze, die seit 1815 den Obermoselraum durchzieht, fast komplett auseinandergedriftet war. Denn zweifellos gibt es unterschiedliche Standortvoraussetzungen der beiden Ufer, doch sind diese nur gradueller, nicht prinzipieller Natur.

Dabei gehört das Anbaugebiet als Ausläufer des Pariser Beckens, geologisch gesehen, zur Triasformation, allerdings ist der Talcharakter nicht immer einheitlich. In dem weiten Remicher Talabschnitt etwa wachsen die Reben hauptsächlich auf Keuper mit Tonmergel, wodurch die Weine von hier ebenso voll und harmonisch wie die Landschaft sind. Im Kanton Grevenmacher auf Luxemburger Seite hingegen überwiegen klüftige Stufen von Muschelkalk, wohingegen sich auf deutscher Seite etwa zwischen Sinz und Perl Terrassen schwach zum Fluss hin absenken, die von lehmig-sandigen Böden mit einer Geröllagerung überzogen werden. Eine schroffe Muschelkalk-Felsformation tritt bei Nittel, einem ganz besonderen Standort, hervor, wo die exponierten Südlagen unterhalb der Steilfelsen besonders gute Voraussetzungen für den Qualitäts-Weinbau bieten. Dabei profitieren die Reben von einem maritimen Klima mit kontinentalem Einfluss und meist ausreichenden Niederschlagsmengen.

Auf den tieferen, humusreicheren und wasserspeichernden Böden gedeihen die Burgundersorten, weiß wie rot, aber auch Riesling und herrlich knackfrischer Elbling, mit rassiger Säure und den typischen Aromen von grünem Apfel, Weinbergspfirsich und Zitrusfrüchten ein uriges Kulturerbe aus römischer Zeit. Doch mit dem Muschelkalk zeigt sich, vor allem auf deutscher Seite, aber auch ein ganz anderes Gesicht der Mosel: ein Antlitz mit Rissen, Sprüngen, Narben und Entstellungen, das oft verschmäht worden ist.

Im Grunde sind die Talräume von Luxemburg und Deutschland tatsächlich als eine natürliche Einheit zu lesen, und an diesen durch und durch zeitgemäßen, globalen und auch europäischen Gedanken knüpft Baron zu Hobe-Gelting an, der Inhaber von SCHLOSS THORN, dem ältesten Schlossweingut an der Mosel. Inspiriert von der Idee eines europäischen Dorfes und überzeugt davon, dass sich das kleine Gebiet nur grenzüberschreitend am globalisierten

Markt nachhaltig behaupten kann, gründete er die Erzeugergemeinschaft »Güter der südlichen Wein-Mosel e.V.« oder »Mosella Vini Meridiana«, ein internationaler Zusammenschluss ambitionierter Weingüter, die im europäischen Tal der Mosel zwischen Trier, Schengen und Metz qualitätsorientierten und dabei naturnahen Weinbau betreiben. Ziel der Vereinigung ist es, die jahrhundertealte und traditionsreiche Kulturlandschaft zu pflegen, ihren guten Ruf weit über ihre Grenzen hinaus zu tragen, sich auf gemeinsamen Veranstaltungen zu präsentieren und auch den jungen Weinmachern den Rücken zu stärken.

So macht die Vereinigung »Junger Süden« mit vereinten Kräften auf ihre Weinregion aufmerksam. Neben Carina Curman (geb. Dostert), der Deutschen Weinkönigin 2000/2001 aus dem Weingut Matthias Dostert, gehören folgende Jungwinzer aus Betrieben in Nittel zu der Gruppe: Thomas Sonntag, Weingut Karl Sonntag, Patrick und Stephan Zilliken, Weingut Hellershof-Zilliken, Matthias Apel, Weingut Hubertus M. Apel und Michael Fürst vom Weingut Martin Fürst in Metzdorf. Ihre Cuvée Sunshine ist poppig, fruchtig, lecker und scheint einen Blütenkranz um den Flaschenhals zu tragen. Kein bahnbrechendes Referat vom Muschelkalk, sondern ein lustiger Wein, der erfrischend, einfach und klar ist – easy drinking für Fete und Barbecue, wobei der Begriff Obermosel dezent verschwiegen wird.

> ■ Die Obermosel beginnt ganz
> eindeutig erst in den Vogesen.
> An ihren Ufern stehen dort
> hohe Fichten und Tannen,
> aber keine Reben. Wir können
> unseren französischen Freunden
> nicht einfach ihren Teil des Flusses
> klauen.
>
> Baron zu Hobe-Gelting, Schloss Thorn

Die – touristisch kolportierte – Bezeichnung »Obermosel« hält der Baron zu Hobe-Gelting sogar für »revanchistisch« überholt und irreführend, weil sie im Grunde auf ein längst zerfallenes preußisches Reich rekurriert: »Eigentlich ähneln unsere Böden mehr denen der luxemburgischen und französischen Seite bis hin nach Metz. Warum also nicht einen ge-

Schloss Thorn
D-55439 Schloss Thorn
Tel. +49(0)65 83/4 33
Fax +49 (0)65 83/14 33
E-Mail: weingut@schloss-thorn.de
www.schloss-thorn.de
Öffnungszeiten:
nach Vereinbarung

Obermosel schmecken

SPÄTBURGUNDER DREI STERNE BARRIQUE TROCKEN
Weingut Befort/Nittel

Endlich einmal ein kraftvoller, transparenter, nachhaltiger Spätburgunder mit viel Frucht von der deutschen Moselseite. Hans Befort überfrachtet diesen beachtlichen Wein nicht mit einer gehörigen Dosis Eichenholz, sondern stützt durch den stimmigen Holzeinsatz nur die natürliche Traubigkeit, Substanz und Wärme.

ELBLING SEKT BRUT
Weingut Matthias Dostert/Nittel

Der Sekt ist eine sichere Bank und immer ein fein perlendes Vergnügen. Nach der Méthode champenoise hergestellt, mit Champagnerhefen vergoren, besitzt er cremiges Mousseux, belebendes Fruchtspiel und eine sehr animierende, weinige Art. Ein stilvoller Beleg für das Schaumweinpotenzial der Elblingrebe.

ELBLING QUALITÄTSWEIN GARANTIERTEN URSPRUNGS TROCKEN
Weingut M. Hild/Wincheringen

Von dem Prototyp seiner Sorte gibt es auch eine Variante mit höherem Alkoholgehalt, doch der im Alkohol niedrigere (nur um die zehn Volumenprozent!) zeigt, was im Gebiet möglich ist: sauber, knackig, klar, straff und cremig im Extrakt, der das mineralische Säurespiel wunderbar einbindet. Die Reben für diesen Ausnahmewein sind im Schnitt 45 Jahre alt!

GRAUBURGUNDER NITTELER ROCHUSFELS TROCKEN
Weingut Hubertus M. Apel/Nittel

Die Brüder Harald und Hubert Apel haben sich auf die Burgunderweine konzentriert, und ihre Vision der Burgundermosel wird durch solche zartschmelzigen Grauburgunder zum äußerst günstigen Preis untermauert. Überraschend frische Frucht mit Anklängen an gelbe Früchte wie Quitte und auch etwas Ananas, sehr weinig, voll, vor allem aber auch heiter und charmant.

MONSALVAT TROCKEN VIN DE TABLE DU LUXEMBURG
Weingut Aly Duhr/Ahn

Ein in großen Jahrgängen wie 2003 genialer Wein auf Basis der Auxerrois-Traube. Önologe Abi Duhr versteht es, das prononcierte Säurespiel herauszukitzeln und dem Wein eine elegante Kühle und raffinierten Schmelz zu verleihen. Ein eng geschnürtes Kraftpaket, das eindrucksvoll belegt, wie aufregend Burgunderweine von der Luxemburger Seite schmecken können – vor allem dann, wenn man stilistisch von der Norm abweicht.

meinsamen Namen finden und grenzüberschreitend agieren? Der Begriff ist für den Teil der Mosel, auf den er angewandt wird, schlicht falsch, denn die Obermosel beginnt ganz eindeutig in den Vogesen. Wir haben mit dem Unsinn des Krieges in Europa aufgehört. Also sollten wir auch mit der usurpatorischen Bezeichnung Obermosel aufhören. Frankreich und Deutschland sind Gründungsstaaten der EU; wir können unseren französischen Freunden nicht einfach ihren Teil des Flusses klauen.«

Der engagierte Winzer schlägt den Begriff »Südliche Wein-Mosel« vor. Mit im Boot ist das französische CHÂTEAU DE VAUX unweit von Metz, das vor 100 Jahren im Besitz einer Berliner Gesellschaft war und als deutsches »Champagner-Haus« fungierte (nachdem das Gut wieder französisch wurde, verlegten die Eigentümer den neuen Sitz der Sekt-Manufaktur auf Schloss Vaux nach Eltville am Rhein). Heute keltern Marie-Geneviève und Norbert Molozay in der Nähe von Metz duftige, elegante und sehr aparte Weine etwa aus Pinot noir und trockene Weißweine wie Gryphées oder Septentrion, die steinig-frischer schmecken als so manches Pendant weiter stromaufwärts.

Auf Luxemburger Seite hingegen kursieren eher gegenläufige Bestrebungen, eine kontrollierte Appellation zu etablieren, die wiederum grenzüberschreitend auch die deutschen Winzer einbinden könnte. Erschwerend für solch ein Projekt eines »Dreiländerweines« kommt jedoch hinzu, dass selbst die Winzer auf der jeweiligen Seite untereinander nicht einig sind – wie auch das Projekt »Südliche Wein-Mosel« ein wenig ins Stocken geraten ist.

Baron zu Hobe-Gelting wird sich für dieses Konzept jedoch weiter einsetzen wie auch für innovative Sorten wie seinen herrlich fruchtigen Sauvignon gris, eine Unterart des Sauvignon blanc mit rötlicheren Schalen: ein vollmundiger, zartcremiger Wein mit originärem, dezent rauchigem Geschmack von Melonen, Stachelbeere, Reineclaude und Feuerstein, wie der Elbling von einer schönen feinfruchtigen Note getragen.

»Den Ertrag auf 50 bis 60 Hektoliter zu senken, ist schon nötig, damit der Elbling seine Rustikalität ablegt«, meint der Baron und vinifiziert auch, wenn es der Jahrgang erlaubt, eine rassige Spätlese und sogar eine edelsüße Elbling-Aus-

Chateau de Vaux
4, Place Saint Rémi
F-57130 Vaux
Tel. +33 (0)3 87/60 20 64
Fax +33 (0)3 87/60 24 67
E-Mail: vignoblesmolozay@free.fr
www.chateaudevaux.com
Öffnungszeiten:
Mo.–Do. und So. nach
Vereinbarung,
Fr.–Sa. 14–18 Uhr

lese: Ihr Geschmack von Akazienhonig, Flieder und Pampel-muse ist vielschichtig und delikat! Die Rieslinge sind sehr saftig und schwungvoll, dezent exotisch in ihren Aromen, und changieren je nach Gradation zwischen reifen gelben Früchten und zarter Minzfrische mit Zitrusfrüchten. Aus-gewogen ist das traditionelle Spiel zwischen Schmelz und Frische. Und auch der Pinot Meunier (Schwarzriesling) hat deutlich mehr Fleisch und Würze, als man es gemeinhin von dieser vernachlässigten Rebsorte kennt.

Erschwerend kam für den Winzer, der gut 30 Jahre um die Bezeichnung Schlossabfüllung kämpfte, noch die Auf-teilung der deutschen Seite in zwei Bundesländer hinzu: »Wenn ich als kleiner Junge den Feldweg zur Straße her-unterlief«, stöhnt der Baron, »musste ich jedes Mal den Zoll passieren. Denn unser Betrieb war geteilt: Die südli-che Hälfte liegt im Saarland, damals ein Teil Frankreichs, die nördliche gehört jedoch zu Rheinland-Pfalz. Jeder nor-male Transport von Reben, Trauben oder Holz war eine Staatsaktion sondergleichen!« Erst die Eingliederung des Saarlandes in die Bundesrepublik machte dem nächsten Spuk an diesem fast schon skurrilen Teil der Mosel ein Ende.

Weingut M. Hild
Bahnhofstraße 11
D-54457 Wincheringen
Tel. +49 (0)65 83/5 27 oder 13 95
Fax +49 (0)65 83/15 17
E-Mail: Hild.Wein@t-online.de
Öffnungszeiten: Mo.–Sa. 10–18
Uhr nach Vereinbarung

Im Fall von Matthias Hild vom WEINGUT M. HILD in Win-cheringen trifft die – durchaus berechtigte – Kritik des Barons an den zu hohen Erträgen in der Region jedenfalls nicht ins Mark. Vor allem der als »Qualitätswein garantier-ten Ursprungs« deklarierte, trockene Elbling ist ein Pro-totyp seiner Sorte: Er zeigt Ausdruck und dichten, nachhalti-gen Geschmack bei äußerst moderatem Alkohol – nur etwa zehn Volumenprozent. Das mineralische, lebendige Säure-spiel weiß zu überzeugen und ist eingebunden in wunderbar zarte Cremigkeit! Die innere Ruhe, die dieser preisgünstige Wein ausstrahlt, kommt dabei von alten Reben, eher eine Rarität an der Obermosel: Sie sind im Schnitt 45 Jahre alt! Dieser Wein zeigt auch, dass der Muschelkalkboden ein ideales Terrain für die Erzeugung von besonders feinfruchti-gen Weinen mit zartwürziger Mineralität ist. Das belegen auch die harmonischen, süffigen weißen Burgunder, die gut schmecken und lebendig sind.

Als säurereicher Grundwein für hochklassige Sekte war der Elbling stets gefragt, und hier spielt er souverän seine

*Keltert einen Prototyp eines
trockenen Elblings aus alten Reben
und zeigt, was möglich ist:
Matthias Hild aus Wincheringen.*

Stärken aus. So keltert etwa Winzermeister Matthias Dostert vom WEINGUT MATTHIAS DOSTERT aus Nittel, tatkräftig von Tochter Carina unterstützt, einen klasse Elbling-Sekt brut, der nach der *Méthode champenoise* hergestellt und mit Champagnerhefen vergoren wird. Ein richtiges Trumpf-As, ebenso fest wie cremig im Mousseux und genauso fein und zart im Perlenspiel. Rassig, dabei sehr saftig, klar und wohlausgewogen sind auch die Elblingweine, die gleichsam den süffigen Charme, Schwung und die Rondeur der Obermosel-Landschaft ausstrahlen. Feinfruchtig schmeckt auch die Spezialität Roter Elbling, ein vorzüglicher Rosé aus einer Mutation des Weißen Elblings.

Weingut Matthias Dostert
Weinstraße 5
D-54453 Nittel
Tel. +49 (0)65 84/9 14 50
Fax +49 (0)65 84/9 1 45 26
E-Mail: Matthias-Dostert@
t-online.de
www.weingut-matthias-dostert.de
Öffnungszeiten:
nach Vereinbarung

Weingut Hubertus M. Apel
Weinstraße 26
D-54453 Nittel
Tel. +49 (0)65 84/3 14
Fax +49 (0)65 84/12 63
E-Mail: info@appel-weingut.de
www.apel-weingut.de
Öffnungszeiten:
nach Vereinbarung

Weingut Stephan Steinmetz
Am Markusbrunnen 6
D-54439 Wehr an der Mosel
Tel. +49 (0)65 83/2 34
Fax +49 (0)65 83/18 48
E-Mail: info@der-weinmacher.de
www.der-weinmacher.de
Öffnungszeiten:
nach Vereinbarung

Weingut Befort
Schulstraße 17
D-54453 Nittel
Tel. +49 (0)65 84/4 22
Fax +49 (0)65 84/12 01
E-Mail: weingut@befort.de
www.befort.de
Öffnungszeiten:
Sa. 9 – 17 Uhr

In der gleichen Straße, der Weinstraße, liegt auch das Weingut Hubertus M. Apel, das bei den Burgundersorten von allen deutschen Betrieben vielleicht am weitesten ist. Die Brüder Harald und Hubert Apel haben sich ganz auf Elbling und die Burgundersorten spezialisiert – vor allem Letztere haben ungewöhnlichen Schmelz, feine Traubigkeit und Pfiff. Der enorm günstige trockene Grauburgunder aus dem Nitteler Rochusfels etwa ist glasklar, delikat und feinfruchtig. Dabei werden die besonders hochwertigen Burgunder auch als trockene Spät- oder Auslese ausgebaut: nachhaltiger, dichter und noch feiner im Schmelz aus dem Holzfass. Ein veritabler Tipp ist der charmante Auxerrois – eine oft nur in limitierter Menge erhältliche Spezialität der Region, die bei den Connaisseurs gefragt und auch bei anderen Gütern immer schnell ausverkauft ist.

Davon kann auch der junge, engagierte Stefan Steinmetz vom Weingut Stephan Steinmetz in Wehr ein Lied singen, dessen in purem Understatement als Landweine deklarierte Auxerrois und weißer Burgunder richtige Renner sind. Der junge Winzer steht exemplarisch für die Aufbruchstimmung in der Region, und seine Rebsortenweine haben richtig Kern und Saft! Seine straffen *No-Compromise*-Elblinge bestechen durch herzhafte Frische, spritzige Art, traubige Frucht und besitzen einen idealen Alkoholgehalt von 11,5 Volumenprozent; die Burgundersorten sind von zarter Frucht und klarer Art. Deutlich im Kommen sind die Spätburgunder, die vor allem ab dem Jahrgang 2004 samtig, kraftvoll und vielschichtig sind. Die Gerbstoffe wirken trotz aller eckigen, kantigen Jugend saftig und harmonisch. Ein Tipp des jungen Aufsteigers, von dem man in Zukunft sicher noch einiges hören wird, ist der Liaison Crémant brut genannte Sekt des Hauses: feine Apfelaromen mit erstaunlichem Körper und Schliff!

Übertroffen wird Stefan Steinmetz bei den Roten nur von Hans Befort vom Weingut Befort in Nittel, der wohl die besten Spätburgunder auf der deutschen Obermoselseite keltert. Herrlich entspannend-süffige Einstiegsqualitäten hier, insbesondere beim kräftigen, duftenden Spätburgunder. Die trockene Spätlese vom Weißburgunder legt bereits eine beachtliche Willensstärke an den Tag, der der Spätburgunder mit drei Sternen aus der Barrique mit richtig viel Kraft und Energie noch mehr Nachdruck verleiht. Das sind sehr stimmige Weine, die zeigen, dass Moselweine auch richtig Schmackes haben können. Der Holzeinsatz ist stimmig und gut auf das Traubenmaterial abgestimmt, was in der Region keinesfalls selbstverständlich ist, denn oft genug dominieren – auch auf Luxemburger Seite – vorlaute Eichenholzaromen die Traubigkeit. Und auffällig ist schließlich auch neben dem Trend zu recht gefälliger Restsüße, dass einigen Weinen »Fleisch auf den Knochen« fehlt. Trotz schwungvoller Basisweine bemühen sich noch zu wenig Winzer darum, die ganze Palette an möglicher Ausdruckskraft auszuschöpfen. Dazu gehören vor allem ein stärker ausgeprägtes Lagenbewusstsein, eine veränderte Einstellung zum Pflanzgut, denn vielerorts stehen mittelmäßige Klone, aus denen sich jedoch kaum große Weine keltern lassen. In diesen Kontext gehört aber auch eine veränderte Kellerwirtschaft, die auf größere Langlebigkeit der Weine ausgerichtet ist, also vermehrter Holzfassausbau, längere Maischestandzeiten, nicht zu kalte Gärtemperaturen und auch eine spätere Füllung.

Allerdings vollziehen sich solche Dinge nicht über Nacht, und die angestoßene Entwicklung wird sich in den nächsten Jahren sicher weiter konsolidieren. Weiteres Potenzial haben sicher einige Mitglieder in der Erzeugergemeinschaft »Güter der südlichen Wein-Mosel e.V.« wie das WEINGUT GIWER-GREIF in Wasserliesch, wo Peter und Sandra Giwer unterstützt von den Eltern Peter senior und Marianne Giwer den sechs Hektar großen Familienbetrieb führen. Elbling, Grau- und Weißburgunder haben ansprechenden Schliff und der St. Laurent expressive Frucht und Würze.

Schon 1979 hat das WEINGUT HELLERSHOF-ZILLIKEN aus Nittel damit begonnen, den Elbling mit Weißburgunder zu ergänzen. Dieser spart nicht mit Fruchtzitaten, und vor allem die harmonisch-trockene Cuvée Muschelkalk lässt den locker-legeren Charme der Mosellandschaft auf der Zunge tanzen, zeigt dabei aber auch mit Mineralien und Spurenelementen ihre kühle Seite. Das Potenzial für den seltenen Frühburgunder zeigt hingegen das WEINGUT HERBER in Perl, wo auch beim trockenen Auxerrois und Grauburgunder die Frucht sympathisch entspannend den Ton angibt. Einer der renommiertesten Betriebe auf deutscher Seite ist das

Weingut Giwer-Greif
Neudorfstraße 24
D-54332 Wasserliesch
Tel. +49 (0)65 01/18 05 22
Fax +49 (0)65 01/18 05 23
E-Mail: WeingutGiwer@aol.com
www.giwer-greif.de
Öffnungszeiten:
nach Vereinbarung

Weingut Hellershof-Zilliken
Weinstraße 14 & 18
D-54453 Nittel
Tel. +49 (0)65 84/9 15 00
Fax +49 (0)65 84/91 50 50
E-Mail: info@hellershof-zilliken.de
www.hellershof-zilliken.de
Öffnungszeiten:
nach Vereinbarung

Weingut Herber
Apacherstraße 15
D-66706 Perl
Tel. +49 (0)68 67/8 54
Fax +49 (0)68 67/13 77
E-Mail: info@weingut-herber.de
www.weingut-herber.de
Öffnungszeiten: Mo.–Fr. 8–12
und 13–18 Uhr, Sa. 9–12 und
13–17 Uhr, So. Ruhetag

Weingut Frieden-Berg
Weinstraße 19
D-54453 Nittel
Tel. +49 (0)65 84/9 90 70
Fax +49 (0)65 84/9 90 72
E-Mail: info@frieden-berg.de
www.frieden-berg.de
Öffnungszeiten Gutsschänke:
In den Sommermonaten
Fr., Sa. und Mo. ab 17 Uhr

Weingut Karl Sonntag
Kirchenweg 22
D-54453 Nittel
Tel. +49 (0)65 84/71 39
Fax +49 (0)65 84/71 26
E-Mail: info@weingut-sonntag.de
www.weingut-sonntag.de
Öffnungszeiten:
nach Vereinbarung

Weingut Günter Wietor
Weinbergstr. 16
D-54453 Nittel
Tel. +49 (0)65 84/5 94
Öffnungszeiten:
nach Vereinbarung

Weingut Margarethenhof
Kirchstraße 17
D-54453 Ayl
Tel. +49 (0)65 81/25 38
Fax +49 (0)65 81/68 29
E-Mail:
mail@margarethenhof-ayl.de
www.margarethenhof-ayl.de
Öffnungszeiten:
Mo.–Fr. 9.30–18 Uhr,
Sa 9.30–17 Uhr und
nach Vereinbarung

WEINGUT FRIEDEN-BERG in Nittel, wo man dem absolut überzeugenden, herrlich erfrischenden Elbling die Treue hält, der als Novum aus der Spitzenlage Nitteler Leiterchen auch aromatisch ausfällt. Feinperlige Elbling-Sekte changieren mit runden, ausgewogenen weißen Burgundern aus dem Nitteler Rochusfels. Im Nitteler Leiterchen wachsen auf Muschelkalk die Rieslinge vom Nitteler WEINGUT KARL SONNTAG, die als trockene Spätlese eine gehaltvolle Frucht von Grapefruit, Zitrus und Maracuja zeigen und auch als Auslese mit rassigem Spiel und dem Duft von frisch geschleudertem Honig überzeugen können. Das sind überraschend gute Rieslinge, die zeigen, dass diese Sorte auch auf Muschelkalk Format haben kann! Thomas Sonntag keltert aber auch weichen, runden, spritzigen Elbling trocken und Classic und einen charmant-fruchtigen Spätburgunder Blanc de Noir – sicher ein aufstrebender Betrieb. Am Ortsrand von Nittel liegt im Südhang unterhalb der hohen Dolomit- und Kalkfelsen das WEINGUT GÜNTER WIETOR, das sehr lebendige, rassige, erfrischende Weine von ansprechender Alltagsqualität vinifiziert, die sich am besten in der Straußwirtschaft mit Terrasse und Blick in das Moseltal geniessen lassen. Der dezent restsüße Elbling Alte Reben ist ebenso süffig wie charmant, und der lachsfarbene Blaue Spätburgunder Rosé ist eine sehr schmackhafte, stilvolle und feinwürzige Sommererfrischung: klar und mit zartem Schmelz. Überraschend nobel gerät die Kerner Auslese mit ihrer intensiven exotischen Frucht. Seinen Sitz in Ayl an der Saar hat hingegen das WEINGUT MARGARETHENHOF, das an der südlichen Weinmosel ebenfalls die Liaison von weißem Burgunder und Elbling mit sympathischen, weichen, fruchtintensiven Weinen zum Klingen bringt.

Die neue Welt der südlichen Weinmosel spricht also eine ausgewogenere Sprache, die zu oft noch modische Zugeständnisse an einen recht faden Zeitgeschmack macht – und beachtliche Burgunder wie die von Hans Befort sind eher noch die Ausnahme. Dessen Sohn, Hans-Jörg Befort, arbeitet derzeit als Kellermeister in dem luxemburgischen Betrieb DOMAINE ALICE HARTMANN in Wormeldingen (Wormeldange), einem traditionsreichen Rieslinggut mit größtem Besitz der Lage Wormeldange Koeppchen.

Aus dieser renommierten Lage gibt es drei verschiedene

Rieslinge mit ausgesprochener Reinheit und beachtlichem Wohlgeschmack. Das beginnt bereits beim La Chapelle aus über 30-jährigen Reben, die direkt neben der Kapelle auf dem oberen Teil der Südwestlage wachsen. Ein feinduftiger, trockener Wein mit ausgewogenem Süß-Säure-Spiel. Dichter, souveräner und aromatischer schmeckt der Les Terrasses, der von den alten Terrassenlagen aus dem unteren und mittleren Teil der Koeppchen stammt. Noch deutlicher kommt der Geschmack des Bodens heraus und noch feiner sind die Säurespitzen im Spitzenriesling Selection du Château *** gewoben, für den etwa im Jahrgang 2005 nur überreife Trauben sortiert gelesen wurden. Es ist ein wuchtiger gehaltvoller Riesling mit für die Region außergewöhnlich viel Lagerpotenzial. Zum Spitzensegment gehört auch der Chardonnay Sélection du Château, bei dem allerdings Kokusnussaromen vom Eichenholzausbau die subtile Traubigkeit ein wenig überlagern. Voller Leben steckt der Crémant Alice Hartmann brut aus Riesling, Chardonnay und weißgekeltertem Pinot noir, der abgerundet weinigen Charakter und eine elegante Rondeur zeigt, die man sonst wohl eher in der Champagne vermutet hätte.

Nur ein paar Straßen weiter liegt in Wormeldingen die 1930 gegründete Genossenschaftskellerei CAVES CRÉMANTS POLL-FABAIRE, bei der wie bei den meisten anderen Luxemburger Betrieben ebenfalls ein Deutscher, Guido Sonntag aus Nittel, verantwortlicher Kellermeister ist. Sie gehört zu den 1966 gegründeten DOMAINES DE VINSMOSELLE, der führenden Genossenschaft und heute der größte Wein- und Crémant-Produzent des Großherzogtums Luxemburg. Die schonende Verarbeitung sowohl bei der Annahme als auch bei der Pressung garantiert einen erstklassigen Grundwein. Die Qualitätsbezeichnung Crémant de Luxembourg steht dabei für eine erstklassige Verarbeitung von erlesenen Trauben nach der *Méthode champenoise*: Die Produkte moussieren angenehm, sind feinfruchtig, harmonisch und angenehm prickelnd. Besonders exzellent: Der Crémant Pinot blanc! Lediglich bei den Stillweinen scheint es noch etwas zu hapern, die tendenziell etwas zu brav schmecken.

Vertrieben werden die Weine der meisten luxemburgischen Betriebe vor allem auf dem Benelux-Markt, wo ins-

Domaine Alice Hartmann
72–74, rue Principale
L-5480 Wormeldange
Tel. +3 52/76 00 02
Fax +3 52/76 04 60
E-Mail: domaine@alice-hartmann.lu
www.alice-hartmann.lu

Caves Crémants Poll-Fabaire
115, route du Vin
L-5481 Wormeldange
Tel. +3 52/76 82 11
Fax +3 52/76 82 15
E-Mail: reclamations@vinsmoselle.lu
www.vinsmoselle.lu

Domaines de Vinsmoselle
12, route du Vin
L-5450 Stadtbredimus
Tel. +3 52/2 36 96 61
Fax : +3 52/ 23 69 91 89
E-Mail: reclamations@vinsmoselle.lu
www.vinsmoselle.lu

**Domaine Viticole
Schumacher-Knepper**
28, route du Vin
L-5495 Wintrange
Tel. +3 52/23 60 45 –1
Fax +3 52/23 66 48 03
E-Mail: contact@schumacher-
knepper.lu
www.schumacher-knepper.lu

Domaine Viticole Aly Duhr et Fils
9, rue Aly Duhr
L-5401 Ahn
Tel. +3 52/76 00 43
Fax +3 52/7 60 55 47
E-Mail: info@alyduhr.lu
www.alyduhr.lu

Chateau Pauqué
73, route de Trèves
L-7693 Grevenmacher
Tel. +3 52/62 11 9 60 37
Fax +3 52/75 88 20

besondere auch Riesling sehr beliebt ist. Daher setzen einige Betriebe wie die DOMAINE VITICOLE SCHUMACHER-KNEPPER in Grevenmacher auf ihn und keltern einige trockene, sehr mineralische und zartduftige trockene Rieslinge mit feinem Säure-spiel und sehr klaren Fruchtaromen. Den unverfälscht natürlichen Charme dieser Landschaft enthüllen aber auch die Weine der DOMAINE VITICOLE ALY DUHR ET FILS in Ahn – dieser 1872 gegründete Vorzeige-Betrieb stellte als erstes Weingut in Luxemburg Sekt her und ist auch Pionier für den Ausbau in der Barrique. Heute wird der Betrieb von Nelly Duhr geleitet, und einige Weine gehören zur absoluten Gebietsspitze: Sie zeigen eindrucksvoll, welches Burgunderpotenzial dieser Abschnitt der Mosel hat. Der in der Barrique ausgebaute Pinot noir 2003 etwa ist aus physiologisch vollreifen Beeren gelesen worden und hat nur zwölf Volumenprozent Alkohol! Der Geschmack ist warm, lebendig, frisch und voller transparenter Töne. Ebenso eindrucksvoll ist in guten Jahrgängen wie 2003 der Monsalvat, wo die Auxerrois-Traube zu bestechender Form aufläuft – allerdings wirken in manchen Jahrgängen die Eichenholzaromen etwas zu betont. Ein Zugpferd ist hier auch der Pinot gris (Grauburgunder), der sowohl in der Basislinie als auch als Barriquewein ein echtes Erlebnis ist. Eine herausragende Spezialität ist der rassige, von feinen Säureadern durchzogene Riesling-Eiswein, und die im Stahltank ausgebauten Rebsortenweine sind sortentypisch, klar und kraftvoll.

Das sind stimmige Belege für die Arbeit und das Können des Önologen Abi Duhr, der auch für die Weine von CHÂTEAU PAUQUÉ in Grevenmacher verantwortlich ist, deren Weine ebenfalls im Betrieb in Ahn ausgebaut werden. Auf Château Pauqué pflegt Abi Duhr einen für luxemburgische Verhältnisse doch eher ungewohnten, fast schon experimentellen Weinstil, der aber für absolute Höhepunkte sorgt. Bewusster Verzicht auf Herbizide, späte Lese, Spontangärung und langsame Gärung zahlen sich durch ungewöhnlich ausdrucksstarke Weine aus, die bereits als Vendange Tardive – Spätlese – frappierend rassiges Spiel und ungewöhnlichen aromatischen Reichtum zeigen: etwa im Paradäis, der als trockenes Pendant voller köstlicher gelber Früchte mit Anklängen an vollreife Orangen steckt. Tiefgründig, mit facettenreicher Mineralität verführt der in der Barrique ausgebaute, straffe, zart vegetale Fossile, wo Weißburgunder fordernd, vielschichtig und sehr vital gerät. Ein Höhepunkt und eindrucksvoller Beleg für die These von Gernot Kollmann, dass Chardonnay in diesem Tal der Mosel wahrhaft burgundische Dimensionen erreichen kann, ist der Barriquewein Château Pauqué in einem Jahrgang wie 2003. Mit 12,5 Volumenprozent ist der Alkoholgehalt angesichts des Hitzejahres überraschend moderat, und die Trauben der Chardonnay-Reben sind in einen ungewöhnlichen energetischen Zustand versetzt worden: voller Schmelz, saftig, ellenlang, tiefgründig mineralisch, warm in der Frucht und doch distinguiert-kühl. Aber auch auf Château Pauqué geraten, trotz aller berechtigten Lobeshymnen, zuweilen einige Barriqueweine wie der Clos du Paradies 2002 auf Basis von Auxerrois noch mitunter einen Tick zu holzbetont.

Ebenfalls in Ahn ansässig ist die DOMAINE VITICOLE HÄREMILLEN. 1988 wurde die in einem sehr schlechten Zustand befindliche Bannmühle von Max Mannes erworben; bis zur Französischen Revolution gehörte sie den Domherren des Trierer Domkapitels. Daher der Name Herrenmühle, später in luxemburgisch Häremillen umgetauft. Die Pinots gris haben klare Frucht, noblen Schmelz und sehr nuancierte Aromen. Richtig schön entspannte und entspannende Weine sind auch die im Edelstahl ausgebauten Weißweine und insbesondere der nach Waldbeeren und Kirsche duftende Pinot noir.

Domaine Viticole Häremillen
9, op der Borreg
L-5419 Ehnen
Tel. +3 52/76 84 36
Fax +3 52/76 91 93
E-Mail: hmillen@pt.lu

A uch wenn auf Luxemburger Seite die Betriebe insgesamt, wohl auch dank der staatlichen Förderung, noch ein kleines Stück weiter zu sein scheinen als ihre deutschen Kollegen, wird sich das historisch entstandene Gefälle vermutlich weiter ausgleichen – auch wegen der eingeläuteten Rekultivierung etwa von alten Terrassenweinbergen.

»Das dauert alles noch seine Zeit, kommt aber mit Sicherheit!«, sagt Kollmann anerkennend über die Fortschritte in einem Gebiet, dessen deutsche Weine 2007 nun endlich nicht mehr unter »Mosel-Saar-Ruwer«, sondern nur unter »Mosel« offiziell firmieren. Schade ist nur, dass die grenzüberschreitenden Bemühungen um einen Dreiländerwein von der Mosel nicht gefruchtet haben.

»Wir sind einzeln zu klein, um etwas zu bewirken«, meint der Baron zu Hobe-Gelting. »Wir müssen zusammenarbeiten, aber kein Einheitsbrei à la deutsches Weingesetz von 1971, sondern Vielfalt in der Einheit. Wenige Kilometer weiter in Luxemburg-Stadt wird am Europäischen Gerichtshof von 25 europäischen Richtern verbindlich Recht für 450 Millionen Europäer gesprochen, und wir paar Winzer der südlichen Weinmosel sollten es nicht fertig bringen, ein Weinbaugebiet zusammenzubringen?«.

Recht hat er. Denn die Babylonische Gefangenschaft hat eben auch eine gute Seite. Um der vollständigen Assimilation zu entgehen, betonten einige jüdische Theologen und Gelehrte den ganz besonderen Wert und die Eigenart ihrer Kultur und stellten diese vielleicht gerade noch stärker in den Mittelpunkt ihres Lebens und Schaffens. So wurde – nur scheinbar paradoxerweise – die Babylonische Gefangenschaft zu einer ausgesprochen produktiven Zeit in der jüdischen Geschichte. Und so wie diese Metapher inzwischen einen festen Platz in den Texten von Reggae- und Hip-Hop-Musikern eingenommen hat und das herrschende politische und wirtschaftliche System bezeichnet, das als korrupt, ungerecht und unterdrückend wahrgenommen wird, so kann diese Metapher auch für einen neuen trotzigen Schub von engagierten Winzern der Dreiländer-Mosel stehen, die es nicht länger hinnehmen wollen, quasi auch in der Babylonischen Gefangenschaft der meisten Weinkritiker zu stehen, und sich mit immer besseren, individuellen Weinen insbesondere aus den Burgundersorten dem viel kolportierten Dogma des Mosel-Rieslings widersetzen.

Wie wichtig in diesem Kontext das Selbstvertrauen ist, zeigt etwa Rheinhessen. Erst als einige Winzer fest daran glaubten, dass aus Silvaner ein großer, absolut eigenständiger Wein entstehen könnte (und sich dann auch die dementsprechende Mühe gaben), konnte sich das traditionelle Bild des Silvaners als guter Essensbegleiter wandeln – und als Lohn der Anstrengungen entstanden trockene Spitzen-Silvaner aus hochreifen Trauben. Ob beim Elbling dieselbe Karriere möglich ist, darf zwar bezweifelt werden, doch bei den Burgundern kann sich das Bild vom Moselwein ganz entscheidend in eine Richtung ändern, wie sie einige der von Abi Duhr ausgebauten Spitzenweine wie Château Pauqué jetzt schon zeigen. Das wäre dann an der Burgundermosel ein echter Befreiungsschlag.

Silvaner
Uralte aus Österreich stammende weiße Rebsorte. Vor 100 Jahren die vielleicht bedeutendste Sorte im deutschsprachigen Raum. Heute ist sie jedoch nur in Rheinhessen, Franken und Teilen von Baden wie dem Kaiserstuhl noch von größerer Bedeutung.

Obermosel in Zahlen

Rebsorte	1981	2005	Trend
Gesamtrebfläche	2440 ha	2078 ha	⇩
Weiße Rebsorten insgesamt	99,88 % = 2437 ha	93,31 % = 1939 ha	⇩
Riesling	6,11 % = 149 ha	8,47 % = 176 ha	⇧
Müller-Thurgau	28,57 % = 697 ha	2,02 % = 420 ha	⇩⇩
Auxerrois	6,97 % = 170 ha	9,72 % = 202 ha	⇧
Elbling	50,86 % = 1241 ha	33,45 % = 695 ha	⇩⇩
Grauburgunder (Ruländer)	2,42 % = 59 ha	10,15 % = 211 ha	⇧⇧
Weißburgunder	2,58 % = 63 ha	8,52 % = 177 ha	⇧⇧
Gewürztraminer	0,37 % = 9 ha	0,91 % = 19 ha	⇧
Kerner	0,78 % = 19 ha	0,72 % = 15 ha	⇲
Chardonnay	k. A.	0,87 % = 18 ha	⇧
Sonstige	1,23 % = 30 ha	0,29 % = 6 ha	⇩
Rote Rebsorten insgesamt	0,12 % = 3 ha	6,69 % = 139 ha	⇧⇧
Blauer Spätburgunder	0,08 % = 2 ha	5,44 % = 113 ha	⇧⇧
Dornfelder	k. A.	0,67 % = 14 ha	⇧
Sonstige	0,04 % = 1 ha	0,58 % = 12 ha	⇧

Quelle: Statistisches Landesamt Rheinland-Pfalz; Statistisches Amt Saarland; Institut Viti-Vinicole Remich (Luxemburg)

Diese Statistik umfasst sowohl den deutschen als auch den Luxemburger Bereich. Die Zunahme der weißen und roten Burgundersorten ist frappierend. Wenn diese Entwicklung fortschreitet, wird der Begriff »Burgundermosel« immer nachhaltiger und zutreffender.

Vor 100 Jahren waren in Luxemburg 1859 Hektar bestockt, ausschließlich mit weißen Reben und einem Elblinganteil von rund 90 Prozent. Oberförster Stümper gab damals die angebauten Sorten nach ihrer Verbreitung an: »Elbling weiss und rot, Riesling weiss, Sylvaner weiss, Heunisch weiss, Traminer weiss und rot, Ruländer, Marsanne weiss und Morillon blanc.« Um 1900 war die Entwicklung der beiden Moselseiten allerdings divergierend. Während die Rebflächen in Luxemburg deutlich anstiegen, stagnierte die Entwicklung der deutschen Obermosel und war sogar rückläufig. So standen dort 1905 laut Preußischem Katasteramt nur 222 Hektar.

WEITERE EMPFOHLENE WEINGÜTER

Weingut Biewers
Schulstraße 3
D-54456 Tawern-Fellerich
Tel. +49 (0)65 01/169 26
E-Mail: info@weingut-biewers.de
www.weingut-biewers.de
Öffnungszeiten: nach Vereinbarung
Michael Biewers ist einer der
jungen Aufsteiger. Die Weine vom
Elbling und den Burgundersorten
schmecken einfach! Leicht reduk-
tive Art, nicht zu opulent, mit
direkter, klarer, saftiger Frucht.
Günstig!

Henri Ruppert
Markusberg
L-5444 Schengen
Tel. +3 52/23 66 42 30
Fax +3 52/23 66 44 83
E-Mail: hruppert@pt.lu
www.domaine-ruppert.lu
Öffnungszeiten: nach Vereinbarung
Das neue Kellereigebäude ist eine
Art Opus One an der Obermosel.
Mit dem Jahrgang 1990 übernahm
der ausgebildete Winzer Henri
Ruppert Junior in der achten Gene-
ration das Weingut und setzt ver-
stärkt auf lebendige, dichte
Burgundersorten. Beerenauslesen
mit rassigem Spiel. Spezialität ist der
ausdrucksstarke Strohwein!

HOTELS
UND
RESTAURANTS

FRISANGE

Lea Linster
17, route de Luxembourg
L-5752 Frisange
Grand-Duché de Luxembourg
Tel. +352/23 66 84 11
Fax +352/23 67 64 47
Mail: info@lealinster.lu
www.lealinster.lu
Öffnungszeiten: Mi.–Fr. nur Abend-
essen, Sa. und So. Mittag- und
Abendessen
Inspiriert, voll auf dem Punkt, raffi-
niert und einfach nur richtig gut.
Zwar nicht direkt an der Obermo-
sel, aber der Weg lohnt sich. Spit-
zenküche, Weinkarte mit tausend
Referenzen, beste Weine der
luxemburgischen Mosel.
Preisniveau: €€€

NITTEL

Weingut Apel
Weingut, Gästehaus, Weinstube
Weinstraße 26
D-54453 Nittel
Tel. +49 (0)65 84/3 14
Fax +49 (0)65 84/12 63
E-Mail: info@apel-weingut.de
www.apel-weingut.de
Öffnungszeiten Weinstube: Mitte
März bis letztes Wochenende
Oktober täglich ab 12 Uhr
Gastlichkeit pur beim Burgunder-
spezialisten. Großzügiges Gäste-
haus, stilvolle Vinothek, moderne
Weinstube mit Leckereien aus
der Winzerküche.
Preisniveau: €

Weingut Hellershof-Zilliken
Weinstube, Sektscheune,
Gästehaus
Weinstraße 14+18
D-54453 Nittel
Tel. +49 (0)65 84/9 15 00
Fax +49 (0)65 84/91 50 50
E-Mail: info@hellershof-zilliken.de
www.hellershof-zilliken.de
Öffnungszeiten: ab Mitte März
Do.–Sa. ab 17 Uhr, auch an
Feiertagen
Rundum-Wohlfühl-Adresse in
herrlichem Ambiente mit heiteren,
schwungvollen Weinen und indivi-
duellen Elbling-Sekten, stilvoller
Weinstube und schönem Gäste-
haus.
Preisniveau: €€

PERL-NENNIG

**Victor's Gourmet-Restaurant
Schloss Berg**
Schloßstraße 27–29
D-66706 Perl-Nennig
Tel. +49 (0)68 66/7 91 18
Fax +49 (0)68 66/7 94 58
E-Mail: info@victors-gourmet.de
www.victors-gourmet.de
Öffnungszeiten: Mi.–So. 19–21.30
Uhr, Sa., So. und an Feiertagen
auch 12–14 Uhr
Drei-Sterne-Koch Christian Bau
zaubert auf allerhöchstem Niveau,
erstklassig sortierter Weinkeller,
wunderbare Lage oberhalb der
Mosel, dazu mit Victors Residenz-
Hotel Schloss Berg (Tel. 0 68 66/
7 90). Genau das Richtige für
Urlaub und Erholung. Das i-Tüpfel-
chen für Gourmets.
Preisniveau: €€€

WINCHERINGEN

Hotel-Restaurant Moselblick
Am Mühlenberg 1
D-54457 Wincheringen
Tel. +49 (0)65 83/9 94 80
Fax +49 (0)65 84/9 94 81 70
E-Mail: info@moselblick.de
www.moselblick.de
Öffnungszeiten Restaurant: April bis
Ende Oktober täglich geöffnet
Top-Adresse der Region mit
famosem Panorama über die Ober-
mosel. Exponiertes Plätzchen zum
Schwelgen. Zwölf Zimmer mit 25
Betten, viel Raum für Degustatio-
nen und Präsentation der regiona-
len Weinvielfalt. Regional und
französisch geprägte Küche. Ver-
mittlung von Weinwanderungen.
Preisniveau: €€

REGISTER
WEINGÜTER, RESTAURANTS
UND HOTELS